日中 中日 翻訳必携

実戦編III

美しい中国語の手紙の書き方・訳し方

千葉 明 著

日本僑報社

まえがき

　インターネット文化の普及を受け、今や外国人との間でも、連絡手段は専らメールやソーシャルメディア、ということが普通になっています。それでも、きちんとしたご挨拶はやはり手紙で、という方はまだまだ多いのではないでしょうか。

　日本政府要人が訪中を終えると、中国側要人に礼状を書きます。これを翻訳して中国側に届けるのが、駆け出しの大使館員として、私が最初に取り組んだ仕事でした。

　「初秋の候貴台にはますますご清祥のこととお慶び申し上げます」「春は名のみの寒さゆえ、くれぐれもご自愛下さいますよう」——日本ではお馴染みの格式ある定型句に、経験豊富な政治家の風格を合わせて表現するのは、並大抵のことではありませんでした。

　ところが、外務省の先達が後進のために残した例文集を手にして、実は中国語にも同じ格式があり、パーツを組み合わせる要領で対応できることを知りました。それらは、私たちの文化に深く根付いた漢文そのものだったのです。

　この原則を実用につなげるため、私は試行を重ね、まず東京大学教養学部で一学期間授業を行ったのを皮切りに、日本僑報社の日中翻訳学院で講義を重ね、改良した教案を基礎に、この本を世に問いました。本場中国でも値打ちが認められ、「中国传统书信鉴赏与写作」（世界图书出版公司）として、2015 年に出版されました。

　この本は、「尺牘」と呼ばれる中国語手紙の構造を分析して日本人向けに再構成し、テーマ別に役に立つフレーズを厳選して、パーツとして活用できるように配置したものです。パズルを組み立てる要領で社交文ができあがるよう工夫を施してあります。近年再び評価が高まってきた文語表現に対応しており、読み解くための中日翻訳はもちろん、自在に書ける日中翻訳にも活用できます。

　私が若い日に味わった決まり文句の悩みから読者の皆さんが解放され、より実質に集中した日中交流を進められることを願うとともに、監修者の靳飛氏、プルーフ・リーディング下さった張一棟氏、中国語版出版に際し指導下さった北京大学の孫欽善博士指導教官、また再版を快諾下さった日本僑報社の段躍中編集長に、深甚な謝意を表します。

　（本書は国際語学社が 2010 年に刊行した「一歩先を行く人の美しい中国語手紙の書き方」を一部加筆修正の上出版したものである）

目次

◆ 第２講　「切にお願い申し上げます」－お願いの表現　42

【実例】宋慶齢より蔡元培へ

Ⅰ．手紙の約束事

Ⅱ．お願いの儀があります

は じ め に

1． 中国語社交文の決まり文句に対処するには

　この本は、現代の中国人と社交文を交わす際に便利な表現をまとめたものです。中国の古式ゆかしい格式に則った手紙文を「尺牘」といいますが、この尺牘によく表れる紋切り型の表現をパーツとして組み合わせることで、中国語の会話は少々自信がなくても、典雅な文体の社交文を一気に書く、という方法を提示します。

　もちろん、紋切り型ですから、日本語と多少のずれが生じます。

　清朝末期の翻訳の大家、厳復は、翻訳の三大要素として「信、達、雅」（原文に忠実であること、意味が確実に伝わること、文章として優雅であること）を挙げ、三者を同時に成立させることの難しさを嘆きました。取り分け中国語は、四六駢儷体といった美文体を発達させたために、仏典の漢訳でも「雅」を追求するあまり「信」をないがしろにしているのではないかと指摘されています。

　とはいえ、紋切り型であってみれば、「信」とは少しずれるかも知れないものの、「達」は充分で、なによりも「雅」が満足されるでしょう。日本語と中国語の間の翻訳作業では、漢字があるために却って漢字に束縛され、「信」を達成したつもりで、かえって意味が通じないことがままありますが、社交に使う通信文であれば、「雅」を追求するのも手ではないでしょうか。

☆和臭

　漢文を書く際、日本語に引きずられてしまうことを「和臭」といいます。細かく言えば、訓読みが同じために、意味の違う字を混同してしまうもの（「和字」）、語順を日本語風にしてしまうもの（「和句」）が陥りやすい誤り

として指摘されますが、和臭は特に「中国風でない」ことを指し、「和習」とも表記します。

２．中国語の書き言葉の移り変わり

　さて、中国語の書き言葉はこの百年間大きく変化してきました。辛亥革命後、口語体（白話）が文学運動として推し進められ、それまで約束事にがんじがらめだった手紙も、少しずつ白話混じりが見られるようになりました。その昔、科挙の答案に指定され、字数や句法が厳密に規定された文体を八股文といい、生気のない紋切り型の代表格とされますが、新中国成立後、書き言葉の大衆化がいっそう推し進められる中、文語調が「党八股」として批判され、文語文は公文書から姿を消していきました。

　ところが近年、改革開放が進んでくるにつれ、文語による通信文を今も書いている台湾や香港のビジネスマンとのつきあいが増え、古き良きものを懐かしむ心情も手伝って、レトロな中国語が息を吹き返してきています。テレビドラマでも、「你的家父（家父は自分の父親をへりくだっていう言葉で、相手の父親には使わない）」のような敬語の混乱が一部に見られるものの、字幕が普遍化してせりふが理解しやすくなったのに伴い、かなり込み入った優雅な言い回しがお茶の間に直接飛び込んでくるようになりました。

　そして、社交文においても旧来の尺牘の約束事が少しずつ復活し、１９９０年代はじめから入門書も出るようになったのです。昨今は中国国家公務員の一層の教養向上のかけ声が強まり、公文書にも尺牘の約束事が反映されていくかも知れません。

　ここで一つ、例を見てみましょう。大陸から台湾への通信文です。張学良は、軍閥張作霖の息子で、１９３６年冬に西安で蒋介石を監禁し、第二次国共合作のきっかけを作りましたが、その後ずっと軟禁状態に置かれて、台湾で幽閉生活を余儀なくされていました。その９０歳の誕生日に、周恩来夫人として革命で活躍した鄧頴超が送ったもの。優雅さに溢れています。

汉卿先生如晤：

　欣逢先生九秩寿庆，颖超特电表示深挚的祝贺。

　忆昔五十四年前，先生一本爱国赤子之忱，关心民族命运和国家前途，在外侮日亟、国势危殆之秋，毅然促成国共合作，实现全面抗战；去台之后，虽遭长期不公正之待遇，然淡于荣利，为国筹思，赢得人们景仰。恩来在时，每念及先生则必云：先生乃千古功臣。先生对近代中国所作的特殊贡献，人民是永远不会忘怀的。

　所幸者，近年来，两岸交往日增，长期隔绝之状况已成过去。先生当年为之奋斗、为之牺牲之统一祖国振兴中华大业，为期必当不远。想先生思之亦必欣然而自慰也。

　我和同辈朋友们遥祝先生善自珍重，长寿健康，并盼再度聚首，以慰故人之思耳！

　问候您的夫人赵女士。

邓颖超

1990 年 5 月 30 日

汉卿は張学良のあざな。また**故人**は死人ではなく、昔なじみです。その他の主な表現は本文に出てきますので、この本を読み進めていただければ大体の意味は分かると思います。

【訳文】

　うれしいことに、あなたの９０歳のめでたい誕生日にあたり、まずは電報で心からのお祝いを申し上げます。

　思い起こせば５４年前、あなたは愛国の純真な心で民族の運命と国家の前途を心に懸け、外部からの侮りが日増しに切迫し、国勢が危殆に瀕するときにあたって、毅然として国共合作を促し、全面抗戦を実現しました。台湾に去って後、長い間不公正な待遇にあったにも拘わらず、名誉や利益に淡泊で、国のために思いを巡らせ、人々の敬慕を勝ち取りました。夫の

恩来が生きていた頃、あなたに思い至るときは必ず、あなたが歴史に残る功臣だと申しておりました。あなたが近代中国に対して行った特別な貢献を、国民は永遠に忘れないことでしょう。

　幸いなことに、近年来、中台両岸の行き来は日に日に増大し、長い期間隔絶した状況は過去のものとなりました。あなたが当時そのために奮闘し、そのために犠牲を払った祖国統一と中華の振興の大業は、その時が来るのは必ずや遠くないでしょう。あなたもこれを思うときっと喜び、慰められることでしょう。私と同年配の友人たちは遠くからあなたが自愛され、長寿で健康であるよう祈ると共に、また皆で集まって、昔なじみの思いを慰めることを願っています。

　奥様の趙さんによろしくお伝え下さい。

１９９０年５月３０日

鄧頴超

張学良様

　この手紙で興味深いのは、文語と口語が綯い交ぜになっていることです。次に詳しく見てみましょう。

３．Ｅメールにも応用できる尺牘表現法

　中国語社交文が今後どのように発展していくかは分かりませんが、おそらくは上の例のように、文語的風格と口語的わかりやすさの適度な配分が目指されていくことでしょう。このため、中国語で社交文を書こうとする日本人としては、尺牘の約束事を知っておくことは有用だと思いますし、何よりも決まり文句であることから、こうした約束事を知っておけば、口語表現は不得意でも手紙なら何とかなる、ということにもなるでしょう。

　さらに、尺牘の表現方法が、限られた字数で多くの内容を表すことができるような約束事の積み重ねであることから、かえって現代的な通信手段におあつらえ向きであるという便利な一面があります。それは、表示画面

が限られたＥメールの短信です。たとえば、手紙の「**先生对近代中国所作的特殊贡献，人民是永远不会忘怀的。**」という部分ですが、これを尺牘風に書けば「**先生为国立功之硕，岂为国人所忘怀乎。**」となり、文字数にして四割以上もの節約になります。また、結びの一句、「**问候您的夫人赵女士。**」は、文語で書けば、たとえば「**今正前，同此致意。**」となるところです。

　中国語は漢字という文字体系を用いるため、発音は違っても、千年前の文章をそのまま読み、またそれを模倣して書くことができ、漢文に慣れ親しんだ日本人にとっては少し有利に働きます。それだけに、千年前の文体に引きずられる面も否定できず、特に書いた物を読み上げた場合、聞いて分からないということも生じます。だからこそ、時代劇には字幕がついているのであり、字幕がついた分、聞いても分からないせりふがますます時代劇に登場するようになったという面もあるでしょう。

　あまりに古色蒼然たる復古調の手紙は却って堅苦しいので、避ける必要があることは言うまでもありませんが、要は、経験を通じてバランスをつかむことです。

４．この本の仕組み

　この本は、全１０講で成り立っています。

　各講の冒頭に、講ごとのテーマに沿った社交文の実例を掲げ、生の表現に触れます。さらに、各講を前半と後半に分け、前半部分では手紙の約束事に関する表現を少しずつ学んで行きます。同じ内容でも、相手によって表現が異なりますので、講ごとに同輩、年長者、女性、恩師、学者、政官界、財界などに分け、また時候の挨拶は季節や月ごとに、「久し振り」という表現は時間の長短などで分類し、講を追って少しずつ学べるようにしました。

　後半部分は各場面に応じた表現集で、それぞれ、手紙のやり取り、お願い、お礼、贈り物、面会要請、催促、謝絶とお詫び、人の往来、お見舞い、そしてお祝いとお悔やみの表現を見ていきます。

各講には課題もつけました。社交文の実戦にチャレンジしてみましょう。息抜きとして、各講末尾にコラムや日本とゆかりのある唐詩も配しました。詩を手紙に引用すれば、素敵なアクセントです。

５．参考書

　尺牘の書き方についてはいくつか入門書や参考書が出ていますが、得てして書簡例を並べただけ、しかも親子の間の手紙等、あまり外国人には縁のない書簡に多くの紙幅が割かれたりしています。それでも、読者の皆さんが今後、より豊かな表現を目指す場合には、なくてはならないものですので、比較的手に入りやすいものを以下にいくつか掲げておきます（巻末の参考文献一覧も参照して下さい）。

『尺牘探求－中文手紙の書き方』　洪樵榕（二松学舎大学出版部）１９８４
《尺牍写作指要》　杨文科　中国国际广播出版社２００４
《周恩来书信选集》中央文献出版社１９８８
《毛泽东书信选集》　人民出版社１９８４
《鲁迅书信集》　人民文学出版社１９７６

　毛沢東、周恩来、そして魯迅の書簡集は、今も手紙文の参考書として重宝されています。
　なお、愛知大学中日大辞典は尺牘用語を明示してありますので、大変便利です。
　また漢文法の参考書として、硬軟二種を挙げておきます。
『漢文語法ハンドブック』江連隆（大修館書店）１９９７
『銭形漢文　大学入試でる順センター漢文　ルパン三世の合格大作戦５』板野博行（アルス工房）２００７

コラム1 話し言葉と書き言葉

　辛亥革命後、それまでの古色蒼然たる古文調では近代文学創造の妨げになるという考えから、文学をはじめ、書き言葉を平易な口語文に改めようという白話運動が、胡適らによって起こされました。さらに中華人民共和国成立後、文人の専有物とも言えた書き言葉を人民大衆のものとしようと、様々な改革がなされ、台湾や香港とは違う発展を遂げました。

　特に、一回聞いただけで理解してもらう必要のあるラジオニュースでは、文語が排除されています。たとえば「何々と」の「と」は、原稿では**与**と書いてあるのを、ラジオニュースでは**和**と言い換える、といった具合です。

　それでも、中国語は、言葉の構造上、一回聞いただけでは「あれ？」と思ってしまうこともしばしばです。ジョークですが、「麻さんのお母さんが馬さんのお母さんの悪口を言っているというけど、馬さんのお母さんは麻さんのお母さんの悪口を言うのかなあ（「馬」も「麻」も姓）」は、**麻妈骂马妈，马妈骂麻妈吗?**（マーマーマーマーマー、マーマーマーマーマーマ？）となり、一瞬何のことか分かりません。

　実際にあった話ですが、北京留学中に授業で聞いた表現を一つ紹介しましょう。山東省の天然資源について、先生が「石油も天然ガスもある」と言った時のことです。**又有油又有气。**（ヨウヨウヨウヨウヨウヨウチー）これには、さしもの中国人学生も大爆笑でした。

　ジョークのついでにもう一つ。これから漢文を書く要領で手紙の書き方を学んでいきますが、漢字に引きずられて日本風の文章になってしまうことを「和臭」という、と紹介しました。その一つの例が、北京で発行される在留邦人向けミニコミ誌の4コマ漫画で数年前描かれました。

　現地法人を訪れた日本の社長さん。中国人職員に世話になり、いよいよ空港から日本に帰るという時、何とかお礼を言おうと思いますが、中国語ができません。そうだ、筆談でいこう！と、社長さんはこんな内容を考えます。「私は上機嫌。毎度ありがとう！」それをそのまま書いたものだか

ら、現地職員の人はたまりません。「我上機嫌、毎度有難！」これでは「私は飛行機に乗るのはいやだ、毎回事故があるから」になってしまい、社長さんは危うく事務所に連れ帰られるところでした、というオチです。

　ここまでくると、むしろ漢字のみで書いた和文である「変体漢文」という部類に入ります。気をつけましょう。

　下の漫画は、作者の荒木田暁子さんが本書のために改めて描いて下さったものです。

一歩先を行く中国語社交文への招待

① 中国語社交文の構造

　日本語の社交文と同様、中国語の社交文もある程度決まった構造を持っています。旧時は大変複雑で、参考書を読み込まないとなかなか書き始められない面がありました。今は、昔ほど複雑ではありませんが、とりあえず基本構造を知っておくことが大切です。

　北京大学教授から頂いた手紙を元に、基本構造を見てみましょう。（意味は省略します。本書を読めば、分かるようになるはずです。）

千叶明先生<u>台鉴</u> (1)：

　<u>金风送爽，桂花飘香</u> (3)。先生<u>膺任新职，忽而业已三月矣</u> (4)。

<u>惠书敬悉，迟复为歉</u> (6)。（中略）　<u>寒暑不常，希自珍卫</u> (7)，

<u>顺颂</u>

　<u>秋安</u> (8)

○○<u>谨拜</u> (9)

（1） 邀覧 <ruby>邀覧<rt>ようらん</rt></ruby>

　「〇〇様」の部分。日本語と違い、宛名は文頭に来ます。このとき、通常は相手の名前と敬称（**称呼**）だけでいいのですが、「読んで下さい」という意味の言葉（**尊鑒、苦次**など。邀覧といいます）、あるいは親しみを表す言葉（**閣下、如晤**など。愛慕といいます）を添付すれば格調が出ます。邀覧と愛慕は、どちらか一方を付けます。その後にコロン（：）を付けます。相手の地位や年齢などによって表現が異なります。

（2） 啓事 <ruby>啓事<rt>けいじ</rt></ruby>

　「拝啓」の部分。**謹啓者**などです。日本語との違いは、例文の通り、必ずしも書かないこと、文頭ではなく本題の前に来る場合もあること（この場合、日本語の「扨（さて）」のような語感です）です。付けるとすれば、（1）の後か、（6）の前です。「敬具」のように呼応する言葉は、ありません。

（3） 時令 <ruby>時令<rt>じれい</rt></ruby>

　「〇〇の候」に当たる部分。例文のように、啓事を省いて、いきなり文頭にくることもあります。その時の季節や月の自然を描写します。例文は、秋です。尺牘の世界は旧暦を基準としており、太陽暦に準拠した時候の挨拶は場違いになりますので注意が必要です。時令があれば、パーソナルになります。

（４）叙別

「お別れして以来〇〇月経ちました」という表現。例文は三ヶ月です。これも相手との関係を明示するのでパーソナルになります。特に、「お別れしたのは旧正月だったがもう中秋の名月だ」といった表現法の技巧を凝らす部分です。

（５）恭維

「ますますご清栄のこととお慶び申し上げます」に当たる表現。相手の地位や職業に応じた様々な表現があります。例文では抜けています。入れるとすれば、（４）の後です。

（６）本文

社交文の中心部分です。この部分も文語で書けば優雅でかつ字数の節約にもなりますが、白話でもかまいません。

（７）珍重

「ご自愛下さい」に当たる表現。季節の変化に着目した表現が豊富です。日本語の手紙では「末筆ながら」と書き添えますが、中国語ではそういう表現はしません。

（8） 請安 <ruby>せいあん</ruby>

「敬具」に当たりますが、啓事と係り結びにあるわけではありません。季節や相手の仕事などに着目して相手の健康や仕事の順調を祈る二文字の表現です。

（9） 敬辞 <ruby>けいじ</ruby>

「○○拝」。自分の名前の後に書きます。

② 文字空けと改行

文章表現ではないのですが、書き方の約束事として、相手への敬意を表すため、旧時は相手を指す言葉の前を空白にすることが一般的でした。甚だしい場合にはいちいち改行の上、相手を指す言葉を何字か高くして書いたりしたので（**抬头**といいます）、古い手紙文の字面を見るとやたらに改行していてスカスカな印象があります。

旧時は何文字の抬頭とするかまで、細かい約束がありましたが、今は、やっても一字空け（空格）、あるいは全くやらなくても構わないようです。本書では、見慣れて頂くために、原則として一字空けとしています。

但し、相手を指す言葉が行末に来ないよう配慮することは必要です。どうしても行の半分以降になりそうなときは、改行する場合が多いようです。この場合、改行後の言葉の位置は、行頭です（平抬といいます）。また、請安（**順頌崇安**など）は、通常四文字で構成されますが、最初の二文字（**順頌**）は文章の最後の行に続けて書き、後の二文字（**崇安**）は改行します。改行後の位置は、人によって習慣が違うようですが、行頭、あるいは二文字空

けが多く、本書では行頭を採用しています。

　反対に、自分の側の言葉、たとえば**弟**（私）や**敝号**（我が社）、**稟**（申し上げる）などが行頭に来ると不遜ですので、避けましょう。

　この他、冒頭の邀覧において、コロン（：）を付けた後に改行するのが一般的ですが、縦書きの場合は改行せずにそのまま**謹啓者**などと続ける例があります。

　これ以外の改行は、尺牘では行ないませんが、今は内容に応じて段落付けが行われます。

☆側書

　弟や**敝号**等、自分に関する物事をへりくだって^弟、^{敝号}と小さめに書くことを側書といいます（横書きなら上側、縦書きなら右側に揃える）。どんな場合に側書するかについては煩瑣な決まり事がありますが、実際には自称の^弟、^{鄙人}等以外は厳格ではないようです。

　参考までに、温家宝総理から本書監修者靳飛に宛てた礼状を掲げます。**甚为、尚祈、是所企望**等、尺牘独特の表現を味わいましょう。

欣久、靳飞同志：

元月廿四日来信收读，承赠《他仍在路上——严文井纪念集》也

收到了，甚为感谢。我是一个普通人，你们能够理解我，把我

当成朋友，让我感到欣慰。你们的工作和学习情况如何，尚祈

不断努力，日进有功，是所企望。此复，顺致

敬意　　　　　　　　　　　　　　　　　　温家宝

　　　　　　　　　　　　　　　　　　二零零七年五月廿七日

欣久　　　严文井の娘**严欣久**（**严文井**は下記参照）。
靳飞　　　厦门大学・华东师范大学教授、**严文井**の弟子。本書の監修者。
严文井　　（１９１５～２００５）湖北の人。中国の代表的童話作家。

日本ゆかりの唐詩 1

李白　哭晁卿衡

　阿倍仲麻呂と親交のあった李白が、仲麻呂が帰国途次遭難したという悲報に接し詠んだ、あまりにも有名な詩です。

日本晁卿辞帝都，征帆一片绕蓬壶。
明月不归沉碧海，白云愁色满苍梧。

李白	（７０１〜７６２）四川の人。杜甫と並び称される大詩人で、酒にまつわる絶句や長編を数多く残したが、晩年は不遇だった。
晁卿	（６９８〜７７０）阿倍仲麻呂。７１７年入唐、晁衡という中国名を名乗り、玄宗皇帝の下、高い官職に就いた。実際には九死に一生を得て長安に生還し、その後も官途を全うして長安で没す。**卿**は尊称。
帝都	長安。
征帆	遠方へ行く船。
蓬壺	蓬莱と同じで、日本を指す言葉。
明月	仲麻呂を光り輝く月に譬えた。
沉碧海	仲麻呂が海の藻屑と消えたことを指す。実際には、遭難したが死を免れた。
苍梧	伝説上の帝舜が葬られた地。帝の崩御にも比肩する悲壮感をいう。

山間の湖から上る旧正月の初日の出。（河南）

お手紙を頂きながら、
お返事を忘れておりました

【手紙のやり取り】

【実例】
　病気療養中の茅盾に臧克家から見舞いの手紙が届きました。それに対する茅盾の返事からまず見てみましょう。

克家同志：

　　前奉手札，竟忘裁答，顷又奉大函，感铭如何？一年容易，马齿加长，愧无寸进。近来尚无大病，惟因慢性支气管炎纠缠，不敢窥园耳。承慰问，甚感谢。弟在家时多，如蒙枉驾，俾接清辉，不胜企盼。匆此

　　敬祝
新年快乐
　　尊嫂均此问候

　　　　　　　　　　　　　　　沈雁冰
　　　　　　12 月 31 日（1973 年）

【訳文】

　以前手紙を頂きながら、お返事するのを忘れてしまっておりましたところ、この度またお手紙賜り、誠に感じ入ります。一年などすぐに経つもの、当方齢ばかりを加え、進歩もなく、恥じ入ります。このところ大きな病気はありませんが、ただ慢性気管支炎にまとわりつかれて、外出を控えております。お見舞いを頂き、ありがとうございます。小生家にいることが多く、もしお出かけ頂ければ、迎えをよこします。おいでを楽しみにしています。お返事まで。良いお年を。奥様によろしくお伝え下さい。

１２月３１日

沈雁氷

臧克家様

○語句解説○

茅盾	（１８９６〜１９８１）浙江省出身。日本に留学し中国左翼作家連盟に所属。代表作「子夜」。
臧克家	（１９０５〜２００４）山東省生まれの作家。
同志	１９７３年ですから、この呼びかけが普通でした。
竟忘	何と怪しからぬことに忘れてしまった、といったニュアンス。
感铭如何	感銘いかばかりか。詠嘆表現。
一年容易	また一年が改まった。容：また　易：改まる
马齿	自分の年齢をへりくだって言う。馬の年は歯を見て判断することにちなむ。
愧无寸进	一寸も進歩がないことが恥ずかしい。
尚无	今のところ無い。
纠缠	まとわりつく。
不敢	怖くてできない。
承慰问，甚感谢	ご慰問頂き、大変感謝している。
如蒙枉驾	如：もし　蒙：して頂く　枉：まげる　驾：馬車、高貴な人は歩かずに乗り物で来ることから、相手が来ることに対する尊敬語。もしわざわざおいで頂けたら、の意。
俾接清辉	私をしてお迎えに向かわせる。俾は使役を表す。

不胜企盼	期待でいっぱいである。
	不胜：堪えない　企：つま先立つ　盼：望む
尊嫂均此问候	奥様にもよろしく。
	尊嫂：兄嫁様、転じて相手の妻 (親しい人にのみ用いる)
	均：同様に　此：ここに
沈雁冰	茅盾の姓は沈で、雁冰はあざな。

水路が縦横無尽に巡る烏江。作家茅盾の故郷としても知られています。
（浙江）

お願いの表現

お礼

贈り物各種

面会要請

催促

謝絶とお詫び

人の往来

お見舞い

お祝い・お悔やみ

ポイント

　本講では、この文例にあるような、**手紙のやりとりの表現**を勉強します。手紙を頂いたり、差し上げたことの確認をしたりという、よくある場面に使える表現を選びました。

　また、手紙の約束事として、まず最初に**同輩への手紙の用語**を見ていきます。中国でも日本のように長幼の順に敏感なところがあり、手紙の約束事にもそれが反映されています。

　さらに、**春の季節にまつわる表現**、**別れてから十日からひと月経った時の表現**を学んでいきます。

Ⅰ 手紙の約束事

1．邀覧・愛慕 （相手が同輩の場合）

「○○様」

台前	大鑒	偉鑒	惠鑒	雅鑒

　以上が狭義の邀覧です。**鑒**は「ご高覧いただく」という意味の尺牘用語です。

足下	如晤	硯石	硯席	文几

文席	研右	左右

　これらを愛慕語と分類する仕方もあります。硯、文など文章を書くことに因んだ時を用いています。相手に会っているようだ（如晤）、などと懐かしみ、親しみを込めた表現です。この場合、相手の名前の後に**吾兄**（wúxiōng）（「兄とも慕う貴方」の意味）などを付けて、近い間柄を表現することも多いです。

2. 啓事 （相手が同輩の場合）

「拝啓」

启者	敬启者	兹启者	兹陈者	兹者	径启者

（返信）

兹复者	敬复者	径复者

　後者は「拝復」に当たる表現です。**径**（jìng）はじかに。**径启者、径复者**は直接用件にはいる時の表現で、「前略」に似ています。

3. 時令：春 （春の別名：**青阳　苍灵　韶节　淑节**）

「○○の候」

　ここでいう春は、旧暦の１月から３月までを指します。中国では今も旧暦が大切にされ、公文書に書く生年月日を旧暦で表記してビザ取得にトラブルが起きたりすることさえあります。手紙に季節を盛り込む際は、その日が旧暦で何月に当たるか、チェックが必須です（巻末付録２．参照）。

　春の別名は、補充単語の意味でここに掲げてあります。中国語の書き言葉では偶数を尊ぶ傾向があり、文章を書く中で、春一字で現れるとバランスが悪いことがありますので、その際の代用語として参考にして下さい。次に示す例文の春の字の置き換えではありませんので、注意しましょう。

○ 春加黍谷，暖恰花间。

　春になり物事が好転し、暖かく恰かも花に囲まれているようです。

【参考】**黍谷生春**（shǔgǔ shēngchūn）苦しい時転機が訪れる。

○ 东风解冻，丽日舒和。

　東の風が凍えを解き、麗らかな日差しが心地よいです。

手紙のやり取り

お願いの表現

お礼

贈り物各種

面会要請

催促

謝絶とお詫び

人の往来

お見舞い

お祝い・お悔やみ

○ 风暄日丽，燕舞莺啼（yīngtí）。

風暖かく日麗らかに、燕が舞い鶯が鳴きます。

暄（xuān）：暖かい

○ 莺初学啭，蝶欲试飞。

鶯がさえずりを習い始め、蝶が試しに飛ぼうとしています。

4．依時叙別：十日からひと月

「お別れして以来○○月経ちました」

以下の左右の柱は、必要に応じ自由に組み合わせられます。

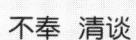

不奉 清谈
（ご清談を承らず。）

_____

挥别 丰标
（ご容貌に手を振って別れてから。）

_____

知己阔别
（知己と別れてから。）
阔别（kuòbíe）：長い別れ

_____

不通闻问
（消息なく。）

_____

自经判袂
（袂を分かってから。）
判袂（pànmèi）：袂を分かつ

候忽经旬
（たちまち１０日を経ました。）
候（shū）：たちまち　**旬**：１０日間。
「上旬」などの旬です。

_____

候逾旬日
（たちまち１０日を越えました。）

_____

忽已旬余
（たちまちもう１０日あまり。）

_____

忽将一月
（たちまち一ヶ月になろうとしています。）

_____

瞬经匝月
（瞬く間に丸一ヶ月を経ました。）
匝（zā）：一巡り

5. 恭維 （相手が同輩の場合）

「ますますご清栄のこととお慶び申し上げます」

○ 近维 起居胜常，诸事顺适为祝。

　近頃生活が普段に勝り、諸々のことが順調のこととお祝いします。

6. 珍重 （季節の変わり目：春）

「ご自愛下さい」

○ 春寒料峭，善自珍重。

　春はまだ薄ら寒いので、よく自らお大事に。

　料峭（liàoqiào）：薄ら寒いこと

○ 现虽节届春融，寒威时复凛冽，务望珍摄为盼。

　今季節は春の麗らかな時に届いたものの、寒さの威力は時に身を切るよ
　うなので、どうかお大事になさり、栄養をとられることを望みます。

　凛冽（lǐnliè）：寒さが厳しいこと　**务**：「どうか一つ」という切実な願い。

○ 时欲入夏，愿自保重。

　季節は夏になろうとしており、よく自らお大事にされることを願います。

　入夏：立夏（陽暦5月6日）に近づくこと。

7. 請安 （相手が同輩の場合）

「敬具」

| 即请 | 大安 | 敬颂 |
| 台安 | 顺颂 时绥 | 顺颂 时祺 |

いずれも安んじることをいいます。

绥（súi）：安らかなこと　**祺**（qí）：幸福。頻出語。

手紙のやり取り

お願いの表現

お礼

贈り物各種

面会要請

催促

謝絶とお詫び

人の往来

お見舞い

お祝い、お悔やみ

8. 敬辞 （相手が同輩の場合）

「○○拝」

敬启	手启	拜启	鞠躬
谨上	谨白	上言	顿首

启、白はともに述べること。日本語でも店主敬白という使い方をしますね。署名のあとに**拜启**と書くのもおもしろいと思います。

顿首（dùnshǒu）：ぬかずくこと

9. 補充表現

いくつか役に立つ表現を拾ってみました。「草々」の言い方はあとでまたいくつか出てきます。

（1）草々　　**匆此先复，余言后续。**

（2）照会　　（尊敬語）**垂询**（xún）

相手についての事柄を指す言葉を尊敬語と呼びます。中国語でも、立場によって変わる表現がたくさんあります。**垂询**は相手が質問してくることを指します。

（謙譲語）**奉询**

反対に、自分についての事柄を指す言葉を謙譲語と呼びます。「私があなたにお尋ねする」は**奉询**です。

（3）手紙　　（尊敬語）**鸿鳞**（hónglín）お手紙。

云翰（hàn）毛筆。

芳笺（fāngjiān）かぐわしい便箋。

芳缄（jiān）かぐわしい封。

芳讯（xùn）かぐわしい知らせ　**花笺**

（謙譲語）草札　寸函　安稟　芜缄　荒函　寸笺

（4）ご無沙汰　（書面）久疏问候（口頭）久违了

木立の奥の竹林で、放し飼いの豚と戯れる、春節の穏やかな光景です。

（河南）

Ⅱ　手紙のやり取り

表現ごとに、パーツを自由に組み合わせることができます。

１．お手紙拝領

（１）思いを馳せておりましたところ、お手紙を頂きました

▶「思いを馳せておりましたところ」

企仰方殷	つま先立ち仰ぎ見る気持ちが深い。
景仰正殷	尊敬し仰ぎ見る気持ちがまさに深い。
懐思正切	懐かしく思うこと、まさに切である。
方深懐想	まさに深く思う。**方**はまさに。
正欲修函致候	まさにお手紙を差し上げてご挨拶しようとする。

▶「頂きました」

忽奉	忽然と頂く
蒙頒	お分け頂く　**頒**（bān）：分け与える
忽来	突然くる
忽得	忽然と得る

▶「お手紙を」

华翰　　云翰　　大札　　瑶章　　手示

翰（hàn）：毛筆、転じて手紙　**札**（zhá）：木簡　**瑶**（yáo）：美しい玉。特に相手の手紙についていいます。

（2）お手紙を頂き、委細承知しました

▶「お手紙を頂き」

顷奉　手谕　刻奉　钧示　猥蒙　函示　惠翰遥颁　朵云忽至

顷（qǐng）、**刻**（kè）：今しがた　**猥**（wěi）：いい加減、へりくだる言い方
蒙（méng）：して頂くこと

▶「委細承知しました」

敬悉种切　敬悉各节　诵悉一是　备悉一切　拜悉一切

悉（xī）：承知すること　**诵**（sòng）：声を出して読むこと　**备悉**：つぶさに知ること
ほかに、一言で「**惠书敬悉**」「**惠书已悉**」とする表現もあります。

2．お手紙を差し上げず

（1）お手紙を差し上げておりません

▶ 公务冗繁，未修安禀。

仕事でバタバタしており、まだお手紙を差し上げていません。

冗繁（rǒngfán）：煩わしくて複雑　**未**：まだ。口語であれば「**还没有**」であるところを、
一字で表現します。　**修**：文章をしたためること　**禀**（bǐng）：申し上げること、転じ
て手紙のへりくだった言い方。

▶ 交接之秋，无假修禀。

業務交代の折から、手紙を書く暇がありません。

交接：人事異動　**秋**：とき

▶ 海天万里，未通音问。

海と空を万里も隔てており、まだ音信を通じていません。

お願いの表現

お礼

贈り物各種

面会要請

催促

謝絶とお詫び

人の往来

お見舞い

お祝い・お悔やみ

（2）何度もお手紙を賜り、返事を出来ずにおります

▶「何度もお手紙を賜り」

数奉　台函	何度もお手紙賜り
	数（shuò）：しばしば
前接　花箋	以前お手紙に接し
	箋（jiān）：便箋
叠奉　朵云	度重なってお手紙を賜り
	叠（dié）：度重なる　**朵云**（duǒyún）：花のような雲、転じて相手の手紙

▶「返事を出来ずにおります」

尚未裁答	まだお返事していない。
	尚：いまだに
益増愧赧	ますます恥ずかしい。
	愧（kuì）：恥ずかしい　**赧**（nǎn）：赤面

（3）お返事が遅れ、申し訳ありません

▶「お返事が遅れ」

| 迟复 | 未即奉答 | 久未作复 | 久稽回答 | 音问久疏 | 未假通信 |

稽（jī）：滞る

▶「申し訳ありません」

为歉	
甚以为歉	（甚だ以て相済まない）
幸原谅之	（これを許して頂ければ幸い）
实深歉疚	（**疚**（jiù）：やましい）
抱歉良深	（**良**：甚だ）

3．お手紙お読み頂けたかと思います

▶ 前奉安禀，度呈　慈鉴。

以前お手紙を差し上げましたが、多分慈しみ深きお目に通ったものと思います。

度（duó）：推し量る

▶ 时肃寸禀，谅已呈　鉴。

何度かつまらない手紙をしたためましたが、すでにお目に通ったものと思います。

时：時折　**肃**：したためる

▶ 昨上芜缄，谅缴　台鉴。

昨日乱雑な封書を差し上げましたが、お目に渡ったかと存じます。

芜（wú）：乱雑な　**缄**（jiān）：封

▶ 前具寸函，度已　光照。

以前つまらない手書きを書きましたが、多分すでにお気に留めて頂いたと思います。

具：書く

▶ 寄递寸缄，计早呈　览。

つまらない封書を差し上げましたが、多分とっくに見て頂いたものと思います。

递（dì）：差し出す。昔日本にあった逓信省の逓。

▶ 日前邮寄芜函，谅缴　惠察。

以前乱雑な手紙を郵送しましたが、恵み深いご賢察に接したものと思います。

▶ 前函谅已受阅。

以前の手紙はすでにお読み頂けたものと思います。

手紙のやり取り

お願いの表現

お礼

贈り物各種

面会要請

催促

謝絶とお詫び

人の往来

お見舞い

お祝い・お悔やみ

コラム2 現代中国的発想法

　中国人と日本人は、姿が似ているだけに発想法も同じだと錯覚しがちですが、実は大いに違う面があります。同じ「メンツ」でも、日本人が「名誉」の問題ととらえ、人と違う振る舞いを差じるのに対し、中国人は「名声」を重視し、むしろ人と違うことを誇るような気がします（森三樹三郎「『名』と『恥』の文化」）。

　私が北京で働いている頃、ある国際会議を日本で開くため、中国政府でその業務を担当しているＡ省に招待状を出しました。ところが、その時の議題にはＢ省も関係があるということで、平等にＢ省にも招待状を出したのです。納まらないのはＡ省。この会議は我が省が主管なのに、Ｂ省に招待状を出すとは怪しからん、メンツ丸つぶれだ、と会議そのものをボイコットしてしまったのです。メンツを守るために仕事の実質まで犠牲にする発想は、日本の官公庁では例外的でしょう。

　もう一つ特徴的なのは、「政治掛帥」という考え方。今でこそ聞かなくなりましたが、発想としては文化大革命後も長く残り、政治的目的のためには決まり事も柔軟に解釈する発想です。赤信号なら車が来なくても渡ろうとしない東京の人と、信号よりは車のあるなしで判断する北京の人の違い、といったらいいでしょうか。そういう発想から見ると、政治的結果を気にせず、ルールにこだわる日本人がひどく物足りなく見えるようです。

　また、中国の公務員と議論していると、どうしても弁証法的思弁に戻っていくのを感じます。政策を起案する時に弁証法的な論旨展開を奨励されているのでしょうか、まず物事の対立の根本である「主要矛盾」を見定めて、それをどう昇華するかに腐心するようです。それなりに効果的な思弁方法ですが、間違った「主要矛盾」を定義してしまうと厄介で、議論が堂々巡りしてどうにもならなくなることさえあります。こういう時は「主要矛盾」を差し替えます。すると、さっきまでの対立が嘘のように解消することも。面白い発想法です。

課 題 1

　それでは、早速手紙を書いてみましょう。本講で出た表現をつなぎ合わせれば簡単です。中国でも話題を呼んだ韓国ドラマ「冬のソナタ」（**冬季恋歌**）。ペ・ヨンジュン（**裴勇俊**）演じるカン・ジュンサン（**姜俊尚**）宛です。相手は同年代、どうぞ二十代になったつもりで。

拝復　すっかり春めいてきましたね。この間会って以来は
や一ヶ月となりましたが、変わりなく過ごしていることと
思います。

　ちょうどお便りしようと思っていたところに、思いがけ
ず手紙を頂き、委細承知いたしました。当方異動間もない
こととて連絡もせず、失礼しました。

　暦は春となりましたが、寒さのぶり返しもあります故、
呉々もご自愛下さい。

敬具

〇〇拝

カン・ジュンサン様

手紙のやり取り

お願いの表現

お礼

贈り物各種

面会要請

催促

謝絶とお詫び

人の往来

お見舞い

お祝い・お悔やみ

✎ **書いてみましょう。**（解答は 170 ページ）

切にお願い申し上げます

【お願いの表現】

【実例】

　宋慶齢(そうけいれい)が蔡元培(さいげんばい)に声をかけ、反戦大会で役割を担ってもらおうと依頼する文面です。

　子民先生大鉴：

　　　径启者，本会定于九月初开会讨论反帝非战问题，各国著作家、新闻记者多来出席。本会并邀请各团体代表、中国国民党支部等参加。凤稔先生对于反帝非战素具同情，谨请于本会开会时指导一切。毋任感祷，专此奉达。即颂

台安！敬候赐复。

　　　　　　　　　　　反战大会临时筹委会主席

　　　　　　　　　　　庆龄

　　　　　八月十三日（1933 年）

【訳文】

冠省　当会は九月はじめに会議を開き、反帝非戦問題を討論することとし、各国の著作家や新聞記者も多く出席致します。本会はまた、各団体の代表や中国国民党支部等の参加も招請します。貴殿は反帝非戦にかねてから同情されていることをつとに承知しております。当会開会に当たって一切をご指導頂けるようお頼みします。切にお願い申し上げます。まずはお手紙差し上げますと共に、ご健勝をお祈りいたします。お返事をお待ちしております。

八月一三日

反戦大会臨時準備委員会議長
宋慶齢

蔡元培様

○語句解説○

宋慶齢	（１８９３〜１９８１）孫文夫人。中国革命で大きな役割を果たし、主要な事柄に必ず関わってきた。中華人民共和国成立と共に国家副主席。
蔡元培	（１８６８〜１９４０）浙江省の人、教育家。清末に革命運動に参加。北京大学学長として活躍した。子民はあざな。旧時の中国人は名前をいくつか持っており、手紙文では実名ではなくあざなで呼ぶのが普通でした。今も、実名を直接書くのは失礼だとして、あざな以外は書かないこともあります。
夙稔	夙（sù）：つとに　稔（rěn）：よく知っている
素具	平素から備えている。
毋任	堪えない。毋（wú）は禁止を表しますが、ここでは无任と同じです。
感祷	祷（dǎo）：祈り、お願い
专此奉达	まずはお手紙を差し上げてこの用件をお伝えする。
筹委会	筹备委员会（準備委員会）の略。
赐复	お返事を頂く。

ポイント

　通信文で最も重要な内容の一つ、**お願い事の仕方**を学びましょう。手紙の約束事は、**相手が年長者の場合**。時令は**一月から三月、春の期間**です。また、**別れて以来数ヶ月経っている場合の表現**を見ていきます。

Ⅰ　手紙の約束事

1.　邀覧（相手が年長者の場合）　　　　「〇〇様」

尊前	尊鑒	賜鑒	鈞鑒	崇鑒

　鈞（jūn）は重々しいこと。元は官界の尊称ですが広く用いられます。

2.　啓事（相手が年長者の場合）　　　　「拝啓」

敬啓者	謹啓者	茲肅者	敬肅者	謹肅

（返信）

敬復者	謹復者	肅復者

3.　啓事（お願い）　　　　「拝啓」

茲懇者	敬懇者	茲托者	敬托者

いずれも、これからお願い事をするぞ、という予告です。

手紙のやり取り

お願いの表現

お礼

贈り物各種

面会要請

催促

謝絶とお詫び

人の往来

お見舞い

お祝い、お悔やみ

4．時令：一月から三月

「拝啓」

◎一月「新春の候」（別名：**孟春　端月　陬月　泰月　首阳**）

○ 正朔始颂，三阳启泰。

　　正月のついたちになり、寿ぎのはじまりで、春の安らぎも始まりました。

　　启：はじまること　**颂**：寿ぐこと。日本語の「お慶び申し上げます」に相当します。

○ （闰）日积两元，月添一闰。

　　太陽の巡りでは元旦が二つ重なり、月の巡りでは閏月が一つ加わりました。

　　旧暦は太陰暦で、一年の日数が陽暦より少なく、閏月をおかないとずれが生じます（閏月の決め方は、p.190［巻末付録２］参照）。

◎二月「春風の候」（別名：**仲春　仲阳　杏月　令月**）

○ 探花谷旦，问柳芳辰。

　　よき日に花をたずね、かぐわしい日に柳を訪れます。

　　旦、辰：ひにち　**谷旦**：めでたい日

○ （闰）仲春纪闰，积雨留寒。

　　二月は閏月を刻み、降り重なる雨は寒さをとどめます。

◎三月「新緑の候」（別名：**季春　暮春　桃月　蚕月**）

○ 梨花落院，柳絮传檐。

　　梨の花が中庭に散り、柳の綿がひさしに伝わります。

　　梨の花も柳の実（**柳絮** liǔxù）も春の風物。**檐**（yán）：のき

○ （闰）惟暮之春，归寄于闰。

　　春の終わりになり、閏月におさまります。

睽違 道範

お教えを違えてから。

睽違 (kuíwéi)：背くこと

拝別 尊顔

ご尊顔を拝別してから。

自違 矩教

お教えを違えてから。

自は：〜から

矩 (jǔ)：さしがね

屈指月余

指折り数えてひと月余り。

数月于茲

ここに数ヶ月。

茲 (zī)：ここに

已逾数月

既に数ヶ月を超えた。

逾 (yú)：越える

転瞬数月

瞬きする間に数ヶ月。

蟾圓几度

満月が数回。

蟾 (chán)：月　**圓**：満ちる

忽已半載

たちまちすでに半年。

載 (zǎi)：年

隔若三秋

まるで三年経ったようです。

次のような、短い表現もあります。

○ **別経数月**　　分かれてから数ヶ月。

○ **一別累月**　　分かれてから月を重ねました。

手紙のやり取り

お願いの表現

お礼

贈り物各種

面会要請

催促

謝絶とお詫び

人の往来

お見舞い

お祝い、お悔やみ

6. 恭維 （相手が年長者の場合）

「ますますご清栄のこととお慶び申し上げます」

○ 近维 颐祉迎庥，曷胜欣颂。

近頃よくお休みになっておられることと存じ、なんで喜び、寿ぎに堪え

ましょう。

颐 (yí)：休むこと **祉** (zhǐ)：幸福を意味する書簡用語 **庥** (xiū)：休む。

曷：何（ここでは反語を表す） **胜**：堪える

○ 恭维 福躬康泰，曷胜欣颂。

謹んでお体が健やかであると存じ、なんで喜び、寿ぎに堪えましょう。

----

7. 請安 （相手が年長者の場合）

「敬具」

敬请	钧安	恭请
崇安	敬颂	崇祺

8. 敬辞 （相手が年長者の場合）

「○○拝」

谨上	敬上	拜上	谨肃
敬启	谨启	肃上	

9．補充表現

（1）草々

书不尽言，余俟续呈。

俟（sì）：待つ

（2）家

（尊敬語）**尊府　贵府　台端　潭**

（謙譲語）**敝寓　寒舍**

蓬荜（péngbì）：ヨモギや竹で編んだみすぼらしい門。

（3）贈り物

（尊敬語）**芳仪　珍物　厚惠**

（謙譲語）**微物　微仪　芹献**（qínxiàn）キンサイのようにつまらない供物。

　　　　　薄仪　凉物

（4）書画

（尊敬語）**墨宝　法书　法绘**

（謙譲語）**拙笔　秃笔　涂鸦**（túyā）黒いものを塗りたくる、転じて悪筆。

　　　　　糊墙（húqiáng）壁紙、転じてとるに足らない筆跡。

（5）文

（尊敬語）**大作　佳什　瑶章**

（謙譲語）**拙作　鄙撰**（bǐzhuàn）ひなびた文章。

（6）お金
（尊敬語）尊项

（7）写真
（尊敬語）尊照
（謙譲語）鄙照

北京の真ん中、故宮の棟々は、金色の瓦が特徴です。（北京）

手紙のやり取り

お願いの表現

お礼

贈り物各種

面会要請

催促

謝絶とお詫び

人の往来

お見舞い

お祝い、お悔やみ

お願いの儀があります

1．事柄をお願いする時の表現

▶ 冒昧奉烦，惟望幸许。

だしぬけにお煩わせし、ただ幸いに許して頂けることを望みます。

冒昧（màomèi）：軽率　頻出します。

▶ 拜托之外，乞费神代办，不胜感荷。

お願いする上に、お心遣いを頂き代わりにやって下されば、感謝に堪えません。

荷（hè）：負担になること　**不胜感荷**を簡単に**为荷**と表現することも多いようです。

▶ 谨布区区，尚希鉴察，费神相助。

謹んでつまらぬことを申し上げたが、ご賢察頂き、お心遣いを頂いて助けて頂けるよう望みます。

布：申し立てる。「布告」の布です。　**区区**：こまごまとしたこと

▶ 所恳之事，若蒙慨允，将不胜感激之至。

お願いしたことをもし快くお許し頂けるのであれば、感激に堪えないでありましょう。

慨允（kǎiyǔn）：快諾　**之至**（zhīzhì）：何々の至り

▶ 特沥寸函布达，祈勿他言推诿。

あえて包み隠さずお手紙を差し上げて申し上げるので、言を左右にしてお断りにならないよう祈ります。

沥（lì）：誠実に　**推诿**（tuīwěi）：責任逃れをすること

手紙のやり取り

お願いの表現

お礼

贈り物各種

面会要請

催促

謝絶とお詫び

人の往来

お見舞い

お祝い、お悔やみ

▶ 渎烦清神，驰函奉询。

お心をお煩わせしつつ手紙を差し上げお伺いします。

渎（dú）：冒渎　**询**（xún）：問い合わせる。先方からの問い合わせでも**承询**（お問い合わせ頂く）のように使います。

▶ 若肯俯从，再无别言。

まげてやって頂けるなら、ほかにもう言うことはありません。

肯（kěn）：やる気になる　**俯**（fǔ）：うつむく　**俯从**：嫌々従う

▶ 倘荷　玉成，无任铭感。

もしうまくやって頂ければ、感銘に堪えません。

倘（tǎng）：もしも　**玉成**：うまくいく

▶ 务请俯采此仪，倘蒙　慨允，没齿不忘。

どうか一つこの儀を採って頂きたく、もしご快諾頂ければ生涯忘れません。

没齿（mòchǐ）：一生涯

2．物を所望するときの表現

▶ 敬希　阁下大笔一挥赐书几字。

筆をふるって何字か書を賜ることを望みます。

▶ 仍祈格外垂青大笔一挥以光蓬荜。

例外的に特に好意を寄せて頂き筆をふるい、あばら屋を飾らせて下さい。

仍祈（réngqí）：頻りに祈る　**格外**：例外的に　**垂青**（chuíqīng）：特に好意を寄せる

▶ 敬希掷下尊照一纸，用作纪念，无任感荷。

記念とするためお写真を一枚下さりたく、感謝に堪えません。

掷（zhì）：投げる

3．人を紹介するときの表現

▶ 兹有友人○○君欲因公拜访，今特介绍，务希延见。 ....

ここに友人の○○君が仕事でお訪ねしたがっており、特に紹介するので
どうか引見して頂きたく存じます。

延见 (yánjiàn)：引見

▶ 兹敬介绍○○君，恳祈延见为祷。 ....

ここに謹んで○○君を紹介するので、ご引見頂けるよう祈ります。

月から見える地球上の唯一の建造物と言われる万里の長城。実際には見えないそうです。
（河北）

韋庄　送日本国僧敬竜帰

　ここでもう一つ、日本にゆかりのある唐詩を見てみましょう。日本の留学僧敬竜の帰国を送る詩です。東の彼方にひとたび去れば、月と風だけが友だ、という荒涼たる心情をうたいます。

扶桑已在渺茫中，家在扶桑东更东。
此去与师谁共到，一船明月一帆风。

韋庄	（８３６～９１０）長安生まれ。唐の役人をしていたが、滅亡後は蜀に移る。
扶桑（fúsāng）	日の出るところにある神木、転じて日本（ここでは原意）。
渺茫（miǎománg）	果てしない。
家在扶桑东更东	家はその果てしない扶桑よりもさらに東のその東という。
与师	あなたと一緒に。

手紙のやり取り
お願いの表現
お礼
贈り物各種
面会要請
催促
謝絶とお詫び
人の往来
お見舞い
お祝い、お悔やみ

　内閣総理大臣へのお願いの手紙です。ちょっとありそうにないシチュエーションですが。お願い事ですから、邀覧にも気をつけて。

拝啓　二月の候　お教えに接せずはや数ヶ月が過ぎましたが、ご健勝のことと存じます。実は不躾ながらお願いの儀があります。友人の〇〇君が仕事でお会いしたいと申しており、ご紹介申し上げますので、是非お会い頂ければと存じます。もしお聞き届け頂けるなら幸甚に存じます。

　春は名のみの風の寒さ故、ご自愛下さいますよう。

敬具

〇〇拝

竹上登志雄内閣総理大臣閣下

手紙のやり取り

お願いの表現

お礼

贈り物各種

面会要請

催促

謝絶とお詫び

人の往来

お見舞い

お祝い、お悔やみ

✐ **書いてみましょう。**（解答は 171 ページ）

お返しするのは失礼なので、拝領致しました

【お礼】

【実例】
　魯迅（ろじん）が日本の友人に宛てた礼状です。画集へのお礼に、当時の日中交流が偲ばれます。

高良先生几下　謹启者前月　内山君到上海，送来
　先生惠寄之唐宋元名画大观一部。如此厚赠，
　实深惶悚。但来从远道，却之不恭，因即拜领。
　翻阅一过，荻益甚多，特上寸笺，以申谢悃。
　肃此 敬请
　道安

　　　　　　　　　　　　　　　　魯迅　启上
　　　　　　　　　　　六月二日（1932 年）

手紙のやり取り

お願いの表現

お礼

贈り物各種

面会要請

催促

謝絶とお詫び

人の往来

お見舞い

お祝い、お悔やみ

【訳文】

拝啓　先月内山君が上海に来られ、先生よりお贈り頂いた唐宋元名画大観を送ってくれました。かくの如き立派な贈り物、いたく恐縮しております。遠くからお届け頂いた物であり、お返しするのは失礼なので、拝領いたしました。ページをめくりましたが得るところ極めて多く、ここにお手紙をしたためて感謝の気持ちを申し上げます。お元気でお過ごし下さい。

六月二日

魯迅拝

高良先生

○語句解説○

魯迅	（1881〜1936）浙江省生まれ。中国の代表的作家。日本で医学を学んだが文学を志し、「阿Q正伝」「狂人日記」など中国の国民性を鋭くえぐる小説を発表。
高良とみ こうら	（1896〜1993）婦人活動家、参議院議員。
几下	几（jī）：肘掛け　几下は机下に同じ。
内山君	（1885〜1959）内山完造。岡山県生まれ。上海に内山書店を開業、魯迅等当時の文壇の代表的作家と親交を深めた。
惶悚（huángsǒng）	恐縮する。
却之不恭	却（què）：退ける、返却の却　之（zhī）：代名詞「これ」 不恭（bùgōng）：無礼
谢悃	感謝の気持ち。悃（kǔn）：真心

> **ポイント**
> 　**お礼の言い方**も、手紙文の大事な表現の一つです。ものを頂いたり、お誘いを頂いたり、あるいはこちらの誘いに承諾頂いた時の表現を見ていきましょう。手紙の約束事は**相手が女性の場合**。時令は**夏**、依時叙別は**一シーズンから一年**です。

 手紙の約束事

1. 邀覧・愛慕 （相手が女性の場合）

「○○様」

（目上）　　懿鉴

（同輩）　　妆次　　　　妆阁　　　　绣次

　懿（yì）：美しい　**妆**（zhuāng）：化粧台　**次**：手紙がそこに届くことを示す

　绣（xiù）：刺繍製品

2. 時令：夏 （夏の別名：**朱明　炎序　朱律**）

「○○の候」

○ 长风扇暑，茂柳连阴。

　遠くからの風が暑さを扇ぎ、茂る柳が影を連ねます。

　长风：遠くから吹く風

- -

○ 薰风乍拂，化日方长。

　南風がさっと吹いたかと思うと、暑い日が長くなり始めました。

　薰风（xūnfēng）：南風　**乍**（zhà）：今しがた　**拂**（fú）：かすめる

手紙のやり取り

お願いの表現

お礼

贈り物各種

面会要請

催促

諫絶とお詫び

人の往来

お見舞い

お祝い・お悔やみ

○ 风自南来，日方北至。

風は南から来て、太陽はやっと夏至となりました。

北至：夏至

○ 载酒听鹂，剖瓜却暑。

酒を盛って鶯を聴き、瓜を割って暑さを退けます。

鹂（lí）：コウライウグイス

剖瓜（pōuguā）は、瓜を食べると体が冷えることから、瓜を割って食べることをいう。

不亲 懿表

お姿に接せず。

奉违 闺范

お姿に接せず。

闺（guī）：女性の部屋、転じて女性

自隔 壶仪

お姿から隔たってより。

壸（kǔn）：妃の通路 **壶**（hú）とは違う字ですので、注意して下さい。

仪：姿

春复徂秋

春が行き秋になりました。

徂（cú）：行く

经夏复冬

夏を経て冬になりました。

秋去冬来

秋が去って冬が来ました。

相违半年

お互い会わずに半年経ちました。

已逾半载

もう半年を越えました。

忽已三季

たちまちもう季節が三つ過ぎました。

荏苒经年

一年が経ちました。

荏苒（rěnrǎn）は時間が経つさま。**荏**はエゴマ、**苒**は生い茂るさまで、**苒荏**ともいいます。

忽经一稔

たちまち一年経ちました。

稔（rěn）：年、実り

瞬而经年

瞬く間に一年経ちました。

又复经年

また一年経ちました。

裘葛已更

衣替えしました。

裘葛（qiúgé）：冬夏の着物

倏又一秋

たちまち一年。

倏（shū）：たちまち。秋は一年。

辗转经年

色々あって一年経ちました。

辗转（zhǎnzhuǎn）：曲折

手紙のやり取り
お願いの表現
お礼
贈り物各種
面会要請
催促
謝絶とお詫び
人の往来
お見舞い
お祝い、お悔やみ

4. 恭維 （相手が女性の場合）

「ますますご清栄のこととお慶び申し上げます」

○ 近想　阃祉绥和，以欣以慰。

近頃安らかでおられると思い、喜ばしく存じます。

阃 (kǔn)：婦人の居間

○ 比维　坤祺纳祜，阃祉延禧为颂。

このところ幸せが幸せを納め、お幸せが喜びを述べていることと存じ上げ、これを寿ぎます。

坤 (kūn)：陰で、女性を指す。 **祺** (qí)：幸せ　**祜** (hù)：幸い　このように、めでたい字をひたすら連ねるのが女性宛の手紙の特色です。現代社会では、もっと実質を重視した方がいいと思いますが、ここでは参考として知っておくといいでしょう。

○ 恭维　祥凝彤管，福迓璇闺为颂。

謹んで吉祥が口紅に満ち、幸福が美しいお部屋に迎えに来ると思い、寿ぎます。

彤 (tóng)：赤い　**璇** (xuán)：美しい玉

以下のような表現を適宜組み合わせることもできます。

○ 金闺日暖，璇闺集祜

黄金のお部屋に日は暖かく、美しいお部屋に幸せが集まります。

○ 房帐清谧，坤闺肃雍

お部屋の帳はさやけく穏やかで、お部屋は謹み深く和やかです。

谧 (mì)：穏やか　**雍** (yōng)：和やか

○ 春兰秋菊，清风明月

春なら蘭、秋なら菊、さわやかな風に明るい月。

5. 珍重 (夏)

○ **赤日炎炎，千万珍爱。**

赤い太陽が燃えているので、どうかご自愛下さい。

千万：どうか一つ

○ **兹际炎暑，切望善珍。**

炎暑に際し、どうかご自愛下さい。

○ **正值盛夏，尚祈防暑。**

まさに盛夏の候、避暑に努めて下さい。

○ **盛暑之后，继以炎秋，诸希珍卫。**

暑い盛りを過ぎても暑い秋が続くので、ともかくご養生願います。

诸 (zhū)：一切

6. 請安 (相手が女性の場合)

> 恭叩 慈安

> 恭请 懿安

> 敬请 坤安

> 敬请 淑安

> 敬颂 壸安

> 敬候 坤祺

7. 補充表現

（1）草々 　书不尽意，余待后报。

文書では意を尽くせませんので、残りは後々の知らせを
お待ち下さい。

手紙のやり取り

お願いの表現

お礼

贈り物各種

面会要請

催促

謝絶とお詫び

人の往来

お見舞い

お祝い・お悔やみ

（2）祖父母　（尊敬語）令祖　令祖母

　　　　　　　　　　　　重闈（chóngwéi）奥深い宮殿、転じて祖父母。

　　　　　　（謙譲語）家祖　家祖母

（3）父　　　（尊敬語）令尊　尊公　尊翁　椿庭

　　　　　　（謙譲語）家父　家厳

（4）母　　　（尊敬語）令堂　尊堂　尊萱　萱（xuān）：ワスレグサ、相手の母親。

　　　　　　　　　　　　尊上

　　　　　　（謙譲語）家母　家慈

（5）お引き立て　忝在爱末　　恃列至交　　承蒙错爱

　　　　　　忝（tiǎn）：かたじけない　爱末：ひいきの末席　恃（shì）：頼みと
　　　　　　する

（6）お陰様で　托　阁下之福　　叨　先生之光

　　　　　　口語では托您的福、叨您的光などとなります。

「孫文蓮」といい、孫文が日本の支持者に贈った蓮の実を発芽させたもので、山口、千葉、鳥取にしかないといわれています。写真は鳥取のものです。

ありがたく存じます

1. お気遣い頂き感謝します － 一般的な感謝の表現

▶ 费神之处，泥首以谢。

お気遣い頂いた点、伏して感謝します。

泥首 (ní shǒu)：頭を地につける

▶ 劳驾之处，不胜感激。

ご苦労頂いた点、感激に堪えません。

▶ 有劳之处，永矢不忘。

ご苦労頂いた点、決して忘れません。

永矢 (yǒngshǐ)：永く誓う

▶ 感荷高情，匪言可喻。

ご厚情に感ずるところ、言葉で喻えられるものではありません。

匪 (fěi)：否定　**喻** (yù)：喻える

▶ 琐渎清神，容当晤谢。

お心をお煩わせしているところ、お目にかかって感謝させてください。

容 (róng)：許す

▶ 备荷关照，铭戢五内。

お世話になったことは肝に銘じます。

戢 (jí)：おさめる　**五内**：五臓

手紙のやり取り

お願いの表現

お礼

贈り物各種

面会要請

催促

謝絶とお詫び

人の往来

お見舞い

お祝い、お悔やみ

2. 贈り物をいただき恐縮です　ー物を頂いた時の表現

▶ 承蒙　厚惠，賜我　多珍，拜領之余，曷胜道謝。

　手厚い贈り物をいただき、多くの珍しいものを賜って、拝領するにつけ、感謝の言葉に堪えません。

▶ 辱荷　隆情，下颁　厚贶，却之不恭，受之有愧。

　ご厚情を頂き、手厚い贈り物を分けて頂き、お返しすれば無礼であるし、お受けするのも恥じ入ります。

　贶（kuàng）：贈り物　**愧**（kuì）：恥じ入る　**受之有愧**は口語でも、物をもらった時にとっさに口をついて出る言葉です。

　「過分のものを頂き」と言いたい時、**过分**（guōfèn）を使って**承蒙过分惠贶**などとすると、度を超えていることを指弾する**过分**（guòfèn）と誤解されやすいので、避けた方がいいでしょう。

▶ 前承　馈赠，本不敢受，惟恐却之不恭，只得愧领。

　先般贈り物をいただき、本来はお受けするに忍びないのですが、これをお返しすれば無礼になることのみをおそれて、恥ずかしながら頂くばかりです。

　馈（kuì）：贈り物をする

ついでに、本当にお返ししてしまう時の表現を見ましょう。

▶ 蒙惠赠　厚物，感谢之至，然实难拜受，尚祈原谅。

　手厚い贈り物を頂き、感謝の至りですが、本当に頂くわけに行かないのでお許し下さい。

（特に、詩文を頂いた時）

▶ 蒙赐　瑶章，感愧良深。

　すばらしい文をいただき、感じ入ること誠に深いです。

▶ 辱赐 佳什，褒奖倍至，披阅之余，感激无已。⋯⋯⋯⋯⋯⋯⋯⋯⋯⋯⋯⋯⋯⋯⋯

優れた作品を頂き、励ましは倍となって至りました。開いて読むにつけ、感激が止まりません。

佳什（jiāshí）：優れた作品　**褒奖**（bāojiǎng）：褒め励ます　**披阅**（pīyuè）：開いて読む。

3．お招き頂き、感謝します　－招宴を承諾する時の表現

▶ 辱承宠招，欣幸奚如。奉约届时自当陪末席。⋯⋯⋯⋯⋯⋯⋯⋯⋯⋯⋯⋯⋯

かたじけなくも手厚いご招待を頂き、喜ばしいこといかばかりでしょう。約束に従いその時になったらもちろん末席にお供します。

辱（rǔ）：かたじけなくも　**宠**（chǒng）：寵愛　**奚**（xī）：反語、なんで　**自**：当然
陪（péi）：付き添う

▶ 阁下拟赐以盛筵，至深感谢，趋陪以副雅命。⋯⋯⋯⋯⋯⋯⋯⋯⋯⋯⋯⋯⋯

立派な宴会をして下さるお考えとのこと、深く感謝し、ご下命に副うよう馳せ参じます。

拟（nǐ）：何かをしようと思うこと。日本語でも模擬試験などの語に使われる字です。
筵（yàn）：宴会。賜るに宴会を以てする、という意味です。　**趋**（qū）：走る

（一般的な承諾の表現）

▶ 但有见示，愿效犬马。⋯⋯⋯⋯⋯⋯⋯⋯⋯⋯⋯⋯⋯⋯⋯⋯⋯⋯⋯⋯⋯⋯

お示し頂けさえすれば、犬馬の労を執りたいと願っています。

见：（ここでは）してもらうこと　**效**（xiào）：真似る、倣う

▶ 承嘱各事，皆一一照办，谨请放心。⋯⋯⋯⋯⋯⋯⋯⋯⋯⋯⋯⋯⋯⋯⋯⋯

お申しつけ頂いたことはみな一つ一つその通り行うので、謹んで安心を請います。

嘱（zhǔ）：申しつけること　**照**（zhào）：その通りに

▶ 所言之事，当为设法，请释念。⋯⋯⋯⋯⋯⋯⋯⋯⋯⋯⋯⋯⋯⋯⋯⋯⋯⋯

お申し越しのことは方法を講ずるので心配を解いて下さい。

手紙のやり取り

お願いの表現

お礼

贈り物各種

面会要請

催促

謝絶とお詫び

人の往来

お見舞い

お祝い、お悔やみ

▶ 有蒙见托，敢不尽心尽力?

依託されたからには、心力を尽くさずにいられましょうか。

4．先日はご馳走になりました　(以前の会食に感謝する時の表現)

▶ 日昨樽俎言欢畅聆 教益，无任欣慰。

先般宴会で楽しく語らい、のびのびとご意見をうかがうことができ、喜びに堪えません。

樽俎（zūnzǔ）：酒と肉の器。特に外交の現場を例えて言います。外交官は宴会ばかりしている、と言うのではありません。丁々発止ばかりでなく、宴会のような和やかな場で穏やかに交渉をするのも外交だ、という意味です。

▶ 日前晋谒 龙门，叨承盛馔，醉心饱德，感愧殊深。

先般お宅にお邪魔し、豪華な食事を頂き、心から満足して感激はことに深いです。

晋（jìn）：進む　**谒**（yè）：面会　**晋谒**：拝謁　**龙门**：立派な門、相手の家の尊称
叨（tāo）：して頂くこと　**馔**（zhuàn）：食べ物

▶ 既荷 盛饯，复蒙 躬送，感何如之。

送別会をして頂いたばかりでなく、またお見送り頂き、感激如何ばかりでしょうか。

既と**复**で係り結びになっています。**饯**（jiàn）：送別会。餞別の餞。**躬**（gōng）：みずから。

▶ 既荷 雅意之殷举，复扰郇厨之盛贶，过承优待，感谢何如。

厚意による懇ろな発意を頂き、過ぎたおもてなしを頂いて、感謝如何ばかりでしょうか。

殷（yīn）：懇ろ。慇懃の慇。　**举**：行動。「挙動」の挙。　**扰**（rǎo）：かき乱す、ご馳走になる　**郇厨**（xúnchú）：郇公の宴席が豪華だったことから、宴会の美称になりました。

▶ 前在 尊馆厚扰，又在花丝开宴，不可不谢。

先般貴館において手厚いご馳走をいただき、また美しい部屋で宴会をして頂いて、感謝しないわけにいきません。

▶ 前日承蒙款待，実为感谢之至。

先般ご馳走になり、感謝の至りです。

これは口頭でも使える簡便な表現です。

最後に、宴会に来て頂いたことへのお礼です。

▶ 何幸前日斗室之中得接　二賢亲聆　教言。

狭い部屋にお二人をお迎えでき、親しくお教えを頂いて何と幸いだった
でしょう。

二賢：お二人。三人なら**三賢**、一人なら**先生**などとなります。

端午の節句の料理（湖南省汨羅、端午のちまき発祥の地）

日本ゆかりの唐詩3

崔膜　送最澄上人還日本国

崔膜（さいぼ）が留学を終えて帰国する最澄を送った詩です。

一叶来自东，路在沧溟中。
远思日边国，却遂波上风。
问法言语异，传经文字同。
何当至本处，定作玄门宗。

崔膜	９世紀前後の浙江の人、詩人であること以外不詳。
最澄	（７６７～８２２）日本天台宗の開祖。８０４年入唐して天台教学を学ぶ。
一叶	一艘の小舟。
沧溟（cāngmíng）	大海。
问法言语异	法を問うにも言葉が違う。
传经文字同	経を伝えるなら文字は同じである。
何当至本处，定作玄门宗	本国に帰ってどうしても仏門の宗派を立てる必要はなかろう。

宛先は女性です。これまで学んだ表現で対応できます。

拝復　めっきり夏らしくなりました。連絡が途絶えて一年となりましたが、変わりなくお過ごしのことと思います。先日は拙宅にお越し頂きお教えを賜り、誠にありがとうございました。またこの度は過分のものをお送り頂き、恐縮至極に存じます。お申し越しの件は方策を考えます故、ご安心下さい。

　手紙では語り尽くせぬことがあります。また連絡します。

敬具

○○拝

霞夕子様

手紙のやり取り

お願いの表現

お礼

贈り物各種

面会要請

催促

謝絶とお詫び

人の往来

お見舞い

お祝い、お悔やみ

✏️ **書いてみましょう。**（解答は 173 ページ）

ご笑納下さい

【贈り物各種】

【実例】

　毛沢東が人に託して恩師符定一にものを贈った時の手紙です。全面的国共内戦に突入する前、束の間の安らぎでした。

宇澄先生夫子道席：

　　既接光仪，又获手示，诲谕勤勤，感且不尽。德芳返平，托致微物，尚祈哂纳。世局多故，至希为国自珍。肃此。

　　　　敬颂

教安。不具。

　　　　　　　　　　受业　毛泽东

　　　　九月三十日（1946 年）

手紙のやり取り

お願いの表現

お礼

贈り物各種

面会要請

催促

謝絶とお詫び

人の往来

お見舞い

お祝い、お悔やみ

【訳文】

　ご尊顔を拝し、またお手紙も頂き、懇々とお教えを賜り感じ入るところ尽きません。徳芳が北京に戻るので、つまらない物を託します。ご笑納下さい。時局は多くのことがあります。国のためにご自愛下さるようお願い申し上げます。敬具

九月三〇日

毛沢東拝

符定一先生

○語句解説○

符定一	（１８７７～１９５８）湖南省生まれ。文字学者。毛沢東の中学時代の恩師。
光儀	お姿。
勤勤	丁寧。慇懃の懃です。
徳芳	符定一の娘。中国共産党が本拠としていた延安から一足先に北京に戻った父を追って、娘の徳芳が北京に戻る際、毛沢東がものを託したのです。
返平	北京に帰る。当時首都が南京だったので、北京は北平と呼ばれていました。
不具	十分でない。これも「草々」にあたります。
受業	あなたに授業を受けた、ということから、学生が恩師に対して自称する語。

手紙の約束事として、**恩師への手紙の用語**、さらには**四月から六月にまつわる表現、別れてから数年経った時の表現**を学んでいきます。

恩師への手紙は特別な意味があります。中国人にとって教師は親も同然、というのはたとえ話ではなく、体に染みついたことだからです。科挙制度が整備されるにつれ、最後の試験の試験官を皇帝自身が務めたのも（殿試）、合格者に対して皇帝が教師という立場から心理的にコントロールすることが目的だったといわれていますし、中国映画によく登場する蒋介石が将軍たちから「校長」と呼ばれるのも、黄浦軍校で訓練された将軍たちが恩師たる校長・蒋介石に逆らえないことを示しているものです。

余談ですが、私が北京勤務中、余暇で北京っ子に合気道を指導していた際も、「先生」としてそれは大切にしてもらいました。

贈り物をする時の表現も学びましょう。

Ⅰ　手紙の約束事

1. 邀覧・愛慕（相手が恩師の場合）

「○○様」

函丈	尊前	尊鑒	坛席	讲座

函：容貌　**丈**：十尺（3.3メートル）。相手の容貌を仰ぐのに、敬意を込めて距離を置くことを表現しています。

2. 時令：四月から六月

「○○の候」

◎四月「麦秋の候」(別名：**孟夏　清和　乾月　槐序　仲吕**)

○ 首夏熙和，麦秋清暑。

夏の最初の月はなごやかで、麦秋はさわやかな暑さです。

熙 (xī)：やわらかい　**麦秋** (màiqiū)：麦の収穫期。四、五月頃です。

(闰) 月临中度，日积余分。

月は中空を渡り、日は余分に積み重なります。

◎五月「盛夏の候」(別名：**仲夏　蒲月　榴月　蕤宾**)

○ 新蒲泛绿，芳艾凝香。

若いガマの葉は一面の緑、薫るヨモギは香りを凝結させます。

蒲 (pú)：ガマ　**泛** (fàn)：広がる　**艾** (ài)：ヨモギ。

(闰) 维夏之中，正时以闰。

まさに夏のただ中、時は丁度閏月。

◎六月「残暑の候」(別名：**季夏　遁月　荷月　暑月　林钟**)

○ 葵倾烈日，槐动薰风。

ヒマワリは烈日に向かって傾き、エンジュは薫風に揺れます。

葵 (kuí)：ヒマワリ　**槐** (huái)：エンジュ

(闰) 燕语悲风，蝉声号月。

燕は悲しい風にさえずり、蝉の鳴き声は月に向かって叫びます。

燕も蝉も夏の生き物。秋風が吹く閏六月には南に飛び去り、また短い命を終えます。

号 (háo)：叫ぶ

年华如驶

年は疾走するごとくです。

驶（shǐ）：疾走する

不坐 春风

授業に出ずに。

春風：授業のこと

几度寒暑

幾度も冬と夏を過ごしました。

寒暄几易

寒暖が何度か入れ替わりました。

星纪频更

星の巡りがしきりに変わりました。

不亲 教诲

お教えに親しまず。

亲：直接触れる　**诲**（huì）：教える

星霜几换

歳月が何度か入れ替わりました。

星霜（xīngshuāng）：歳月

于兹数载

ここのところ数年。

屡易裘葛

何度も衣替えしました。

屡（lǚ）：何度も

疏奉 教言

お教えに触れなくなって。

疏：疎い　**教言**：お教え

荏苒数年

何年も経ちました。

手紙のやり取り

お願いの表現

お礼

贈り物各種

面会要請

催促

謝絶とお詫び

人の往来

お見舞い

お祝い・お悔やみ

4. 恭維（相手が恩師の場合）

「ますますご清栄のこととお慶び申し上げます」

○敬維　春风霭吉，化雨温良为颂。

謹んでご指導が春の風のように潤いを運んでめでたく、万物を育てる
雨が暖かくすばらしいと寿ぎます。

霭（ǎi）：もや

【参考】**春风化雨**　教師の指導がよろしきを得ていることのたとえ。

○　敬维　道履清高，讲坛隆盛为颂。

謹んで、行いが気高く、教壇が隆盛であると寿ぎます。

履（lǚ）は、ここでは「行い」と解します。

5. 請安（相手が恩師の場合）

「敬具」

| 恭请　诲安 | 敬请　教安 | 虔请　讲安 | 祗叩　麈安 |

いずれも教育がうまくいっていることについていいます。**祗**（zhī）は
敬う。

麈（zhǔ）：大きな鹿。その尾の毛先を付けた棒が教師の象徴となりました。

6. 補充表現

（1）草々　　　別不多叙

（2）兄弟　　　（尊敬語）令兄　令弟　贵昆仲　贵昆玉
　　　　　　　（謙譲語）家兄　舍弟

舍（shè）：自分の家や身の回りの事柄をへりくだっていう言葉。日
本語で舍弟というと任侠っぽいですが。

（3）姉妹　　（尊敬語）令姉（zǐ）　令妹
　　　　　　（謙譲語）家姉　舍妹

（4）夫　　　（尊敬語）尊夫君
　　　　　　（謙譲語）外子

（5）妻　　　（尊敬語）尊夫人　尊阃　令阁　令正　尊嫂
　　　　　　（謙譲語）内人　敝房　贱内　拙荆
　　　　　　荆（jīng）：粗末なかんざし等。

（6）息子　　（尊敬語）令郎　令嗣（sì）　贤息　贤郎　公郎　贵公子
　　　　　　（謙譲語）小儿　犬子　豚儿

（7）娘　　　（尊敬語）令嫒（ài）　令千金
　　　　　　（謙譲語）小女

（8）再婚　　**续弦**
　　　　　　夫婦の間柄を楽器の合奏に譬え、再婚を「弦が続く」と表現します。

（9）故郷　　（尊敬語）珂里　珂乡　　**珂**（kē）：玉のような石。

（10）渡す　（尊敬語）赐　　掷
　　　　　　（謙譲語）奉

（11）受ける（尊敬語）笑纳　哂纳　哂存　**哂**（shěn）：微笑む
　　　　　　（謙譲語）拜领　拜纳

（12）送る　（尊敬語）惠递
　　　　　　（謙譲語）差呈　差送　**差**（chāi）：人を遣わす

Ⅱ　ご笑納賜りたく存じます

1. 一般的な贈り物

▶ 寄上薄物若干，尚望笑纳为幸。

つまらぬものを少しばかりお届けするのでご笑納賜れば幸いです。

▶ 兹奉上拙作，以邮架庋藏，谨请斧正。

拙著をお送りして本棚に置いて頂きたく、ご斧正賜りたく存じます。

拙作 (zhuōzuò)：拙著　**邮架庋藏** (yèjiàguǐcáng)：本棚に保存しておくこと
斧正 (fǔzhèng)：斧正、添削。

▶ 所奉礼品虽微不足道，望勿嫌弃。

お送りした品はつまらぬもので言及するにも足りませんが、どうか嫌がって捨てないよう望みます。

▶ 兹谨附上微物数件，藉表敬意，乞赐晒存勿却。

つまらぬものをいくつか手紙につけて、いささか敬意を表しますので、どうかご笑納賜り突き返さないよう乞います。

▶ 略表寸心，伏望莞存。

いささか胸の内を表するので、どうか莞爾としてお手元に置いて下さい。

「心ばかりの品」と言う表現です。**莞** (wǎn)：微笑む

▶ 鄙照别寄，并祈察入。

私の写真を別途送付するので、お確かめの上お収め下さい。

▶ 供君糊墙，请勿见却。

拙い字を差し上げるので、突き返さないで下さい。

见：してもらうこと。既出です。

2．結婚祝い

▶ 謹具薄儀，藉申賀悃。

謹んでつまらぬものを用意して、それにかこつけてお祝いの胸の内を申し述べます。

具（jù）：準備する

▶ 奉上菲儀，用佐卺筵。

つまらぬものを差し上げて披露宴の助けとします。

佐（zuǒ）：助ける。補佐の佐　**卺**（jǐn）：結婚式の杯　**菲**（fěi）：粗末

3．歳暮

▶ 謹具微儀，聊資献岁。

つまらぬものを用意し、いささか年の祝いに資することとします。

聊（liáo）：いささか、とりあえず。なお現代中国では歳暮の習慣はなく、旧暦8月15日に月餅を送ることが一般的です。

▶ 謹具芹献，聊佐辛盘。

つまらぬ贈り物を用意して、正月料理の足しにします。

辛盘は**五辛盘**の略、旧正月に食べて健康を祈る五種類の野菜。

4．中秋節

▶ 聊具芹儀，藉供賞月。

つまらぬ贈り物をいささか手紙に付けて、これを借りて月を愛でるのに供します。

5. 誕生日

▶ 附将微物，聊佐 霞觞。
つまらぬものを手紙につけて、いささか杯の助けとします。
觞（shāng）：杯

▶ 薄礼附呈，寿祺藉祝。
つまらぬ物を手紙につけ、これを借りてめでたい時を祝います。

6. 香典

▶ 附陈奠敬，聊表哀忱。
別添にてご葬儀の敬意を表し、いささか悲しい胸の内を表します。
陈（chén）：並べる。陳列の陳。　**忱**（chén）：気持ち

▶ 附具菲仪，用申吊敬。
つまらぬ贈り物を手紙に付けお悔やみの気持ちを申し述べます。

7. 餞別

▶ 附陈微赆，用抒离情。
別添のもので、つまらぬはなむけとし、お別れの情を表します。
赆（jìn）：はなむけ　**抒**（shū）：申し述べる。抒情詩の抒。

▶ 附具赆仪，聊壮行色。
つまらぬものを手紙につけて、いささか壮行の意向を表します。

手紙のやり取り

お願いの表現

お礼

贈り物各種

面会要請

催促

謝絶とお詫び

人の往来

お見舞い

お祝い、お悔やみ

8. 答礼

▶ **外附微仪，用鸣谢悃。** ································

別途つまらぬものを付して感謝の意を表します。

なお**鸣谢**（míngxiè）は感謝を公にすることで、新聞の謝礼広告でよく見る表現ですが、ここでは感謝の気持ち（**谢悃**）と、表すために使う（**用鸣**）、という組み合わせの表現です。

▶ **附陈微物，藉表谢忱。** ································

別添のつまらぬものでいささか感謝の気持ちを表します。

手紙のやり取り

お願いの表現

お礼

贈り物各種

面会要請

催促

謝絶とお詫び

人の往来

お見舞い

お祝い、お悔やみ

課題 ④

　季節の挨拶とともに、ものを贈る想定です。簡単ですね。

拝啓　麦秋の候　お教えに接せず幾年も経てしまいました

が、お教え益々隆盛のこととお慶び申し上げます。つまら

ないものをお送り致しますのでご笑納賜れば幸いです。

　　　　　　　　　　　　　　　　　　　　　　　　　敬具

　　　　　　　　　　　　　　　　　　　　　　　○○拝

桜木健一様

✏ **書いてみましょう。** (解答は 175 ページ)

第 5 講

お会いするにも、
よすががありません

【面会要請】

【実例】

郁達夫（いくたつぷ）より葉聖陶（ようせいとう）への手紙です。今まで学んだ表現で読みこなせると思います。

圣陶兄：

　二十日信拜悉。《杭州印象记》，当于节后写成奉上，大约可有二三千字。此次去青岛，及回来，都因事匆匆过上海而未停留，故许多朋友，无缘拜谒。中秋过后，或将再来上海，和诸君一晤，或一醉也。东华处久已断稿，并且音讯不通，茅盾、鲁老等，已三月未见面。一住杭州，就成了乡下人，孤陋寡闻矣，一笑。

　匆复，顺颂

著祺。

达夫　上

九月廿一日（1934 年）

【訳文】

　二十日付お手紙を頂きました。「杭州印象記」は中秋節後に書き上げてお贈りします。二、三千字程度になるでしょう。このたび青島に行き、また戻ってきましたが、用事が忙しくて上海は通り過ぎたものの立ち寄らず、そのため多くの友人たちとお会いするにも、よすががありませんでした。中秋節後、あるいはまた上海をお訪ねし、諸君と会うなり酌み交わすなりしましょう。東華のところにはもう長いこと原稿を出しておらず、音信も不通で、茅盾や魯迅先生とも三ヶ月もお会いしておりません。杭州に住んだら最後、田舎者になり、頑迷固陋となりました。お笑い下さい。

　とりあえずお返事まで。お元気でお過ごし下さい。

九月二十一日

　　　　　　　　　　　　　　　　　　　　　　　　　　　　　　郁達夫拝

葉聖陶様

○語句解説○

郁達夫	（１８９５〜１９４５）浙江省生まれの文学者。東大に留学し、郭沫若らと創造社で活躍。代表作に「沈淪」。戦争直後にスマトラで日本人元憲兵に殺害された。
葉聖陶	（１８９４〜１９８８）江蘇省生まれ。編集者、作家、児童文学家。教育事業にも従事。
兄	親しい間柄の男性同士では相手を兄、自分を弟と称します。なお女性なら姉、妹です。
节后	中秋節（旧暦８月１５日）の後。１９３４年は９月２３日に当たりました。
东华	傅東華（１８９３〜１９７１）。浙江省出身の翻訳家で、代表作に《飄》（「風と共に去りぬ」）。この頃は魯迅らと協力して月刊誌「文学」などを編集していました。
鲁老	魯迅。老は年取った人に敬意を表する表現。
孤陋寡闻（gūlòuguǎwén）	頑迷固陋で見識が狭い。
矣（yǐ）	語気を整え、感嘆を表す文字。
一笑	お笑いぐさである。

廿 (niàn)	二十。三十は卅 (sà) です。但し読み上げるときは (èrshí)、(sānshí) と発音します。いずれも今は多用しないようです。
匆复	とりあえずお返事まで。

自由市場の中国野菜（浙江省杭州）

手紙のやり取り

お願いの表現

お礼

贈り物各種

面会要請

催促

謝絶とお詫び

人の往来

お見舞い

お祝い、お悔やみ

ポイント

　面会を申し入れたり、食事に誘ったりする時の表現です。本題のみならず、あいさつを兼ねた定型句にも、会いたい気持ちがにじみ出ているものがあるので、あわせて見ていきましょう。

　手紙の約束事は**学者**その他、時令は**秋**です。また、**相手と別れてから季節が変わった**、という言い方を学びます。

Ⅰ　手紙の約束事

1．邀覧・愛慕（相手が学者の場合）　　　「○○様」

| 讲席 | 座右 | 塵次 | 有道 |
| 著席 | 撰席 | 史席 |

撰（zhuàn）：文章を書く

2．時令：秋（秋の別名：素商　金天　白藏　素节）　「○○の候」

○ 时行金令，律应清商。

　時は秋、律は清商に応じます。

律：音階　**清商**：楽曲の名です。

○ 水天一色，风月双清。

　水も空も同じ色となり、風も月も両方とも清らかです。

○ 新凉涤暑，淡月横秋。

やっと訪れた涼しさが暑気を払い、淡い月が秋に横たわります。

涤（dí）：払い除く

○ 梧飞庭畔，秋到人间。

アオギリの葉が庭のほとりに舞い飛び、秋が人の世に至りました。

畔（pàn）：ほとり　**人间**：日本語の「人間」ではなく、人の世、世間のこと。

3．依時叙別：季節の変化

「お別れして以来○○月経ちました」

○ 薰风握别，倏届朱明。

春に握手して別れ、たちまち夏になりました。

○ 春初话别，又届岁寒。

春の初めに別れの挨拶をし、また年の瀬になりました。

○ 春天一别，容易秋风。

春に一別してから、すぐ秋風に変わりました。

○ 蝉声送别，又闻蝉鸣。

蝉の声で送別しましたが、またも蝉の声を聞きます。

4．恭維

「ますますご清栄のこととお慶び申し上げます」

（学者）

○ 敬维　砚祉绥和，文祺百禄，为祝为慰。

砚の幸せが穏やかに、文章の幸せが多くの収入をもたらすことを寿ぎます。

以下のような表現を適宜組み合わせることもできます。

○ 潭祉綏安　　お宅が幸福で平安。

　　　　　　　潭 (tán)：邸宅敷地内の池

○ 桃李満園　　お弟子さんがキャンパスにあふれる。

　　　　　　　桃李：弟子

○ 潭祺迪吉　　お宅が吉祥。

　　　　　　　迪吉 (dí jí)：めでたい

○ 順時納祜　　万事順調に進み幸福をもたらす。

○ 講壇納吉　　教壇が吉祥をもたらす。

（夫妻）

○ 辰維　儷祺双吉，是所企盼。

　　ご夫婦そろって吉祥であることを祈ります。

　　儷：伉儷 (kànglì)、ご夫妻

（家人）

○ 藉審　德门集庆，潭第迎庥，定符臆颂。

　　さぞ徳の高いお宅に喜びが集まり、お宅はゆったりとしてくつろいでい
　　ることでしょう。

　　藉審 (jièshěn)：慰まりつつ知る　　臆 (yì)：憶測、勝手に思うこと　　定符臆颂は「必
　　ずや私の勝手な寿ぎに合致していることだろう」。

（旅人）

○ 藉悉　旅祺佳吉，旅祉増祥为颂。

　　旅の幸福が吉で、旅の幸せが吉祥を増していると寿ぎます。

○ 遥維　旅祉延庥，時祺納吉为颂。

　　旅の幸せが安らぎをもたらし、時の幸福が吉祥をもたらすことを寿ぎます。

5. 思慕 （会いたい時）

○ **久仰　斗山，时深敬慕。**

久しく貴台を仰ぎ見てきており、敬慕の念は時と共に深まります。

斗山（dǒushān）：泰山北斗の略で、仰ぎ見る対象。「泰斗」（中国語でも泰斗）という言葉がありますが、同じ語源です。

○ **久钦　硕望，时切神驰。**

久しく大いなる声望を尊敬してきており、時と共に心が御許に走ること切です。

钦（qīn）：尊敬する　**硕**（shuò）：大きい

○ **仰企　慈仁，无时或释。**

高潔なお人柄を仰ぎ見て、片時も心を逸らしたことがありません。

仰企（yǎngqǐ）：つま先立って仰ぐ　**或**（huò）：いささか

○ **每怀　德范，辄深神往。**

徳の高いお顔を思い出す度、心が御許に向かう思いが深まります。

辄（zhé）：その都度

6. ご尊顔を拝しておりません

○ **久慕　高风，未亲　雅范。**

かねてから高潔なお人柄を久しく慕っていますが、お顔に親しむことがありません。

○ **企慕　高风，未亲　芝宇。**

つま先だって高潔なお人柄を慕っていますが、お姿に親しむことがありません。

芝（zhī）：質が高い　**宇**（yǔ）：風采、容貌。気宇壮大の宇です。

手紙のやり取り

お願いの表現

お礼

贈り物各種

面会要請

催促

謝絶とお詫び

人の往来

お見舞い

お祝い、お悔やみ

○ 景仰已久，趋谒无从。

尊敬し仰ぎ見ることすでに久しいですが、伺うにもよすががありません。

景（jīng）：尊敬すること　**从**（cóng）：拠り所

○ 瞻 韩徒切，御 李无由。

ひたすら切に尊敬してきましたが、親しく接するよすががありません。

瞻（zhān）：仰ぎ見る　**瞻韩御李**（zhānhányùlǐ）：李白が韓荊州に宛てた手紙が会い
たい情を切に表現した（**今之日，生不愿封万户侯，但愿一识韩荆州**）ので人口に膾
炙し、また東漢の荀爽が賢者李膺の馬車を御させてもらったのを喜んだことから、
賢者を慕う情が深いという故事として、手紙文に使われるようです。

○ 久盼识 荆，迄无机缘。

久しくお知り合いになりたいと願ってきましたが、今のところ縁があり
ません。

荆：韓荊州、前項参照。

○ 切盼已久，迄未识 庐。

切に願うことすでに久しいですが、未だお会いしていません。

庐（lú）：真実のすがた

○ 久慕 芳范，未亲 眉宇。

美しいお顔を久しく慕ってきましたが、未だご尊顔に親しくしていません。

○ 久仰 仁风，未亲 仪范。

お人柄を久しく仰ぎ見てきましたが、まだご尊顔に親しくしていません。

○ 何时快幸，得睹 尊颜。

いつか幸いにご尊顔を拝見することを得るでしょうか。

睹（dǔ）：目撃する

○ 何日假缘，得亲 雅教。

いつか縁を借りて親しく会って雅びなお教えを得られましょうか。

假（jiǎ）：借りる

7. 珍重（秋）　　　　　　　　　　　「ご自愛下さい」

○ 入秋顿凉，幸自摄卫。

秋になると急に涼しくなるのでご自愛頂ければ幸いです。

○ 秋风多厉，即希加餐。

秋風は厳しいのでご加餐されるよう望みます。

○ 渐入严寒，伏维自爱。

少しずつ厳しい寒さに向かうので、どうかご自愛下さい。

8. 請安　　　　　　　　　　　　　「敬具」

（学者）	敬请 学安	祇颂 文祺	即颂 文绥
	顺请 撰安	恭请 教安	敬颂 坛祺
	祇颂 诲安		
（夫妻）	敬请 俪安	敬颂 双安	敬颂 俪祺
（家人）	敬请 潭安	敬颂 潭福	并颂 潭祺
（旅人）	敬请 旅安	顺颂 客安	即颂 旅祺

手紙のやり取り

お願いの表現

お礼

贈り物各種

面会要請

催促

謝絶とお詫び

人の往来

お見舞い

お祝い、お悔やみ

9. 補充表現

（1）草々　　余言从略　匆匆草就　匆匆不尽

（2）舅姑　　（尊敬語）令舅 令姑
　　　　　　（謙譲語）家舅 家姑

（3）嫁　　　（尊敬語）令媳
　　　　　　（謙譲語）小媳

（4）婿　　　（尊敬語）令婿 令坦（tǎn）　令倩（qiàn）　贵东床
　　　　　　（謙譲語）小婿

（5）岳父母　（尊敬語）令岳 令岳母 令泰山 令泰水
　　　　　　（謙譲語）家岳 家岳母

（6）同伴　　（謙譲語）辱游
　　　　　　例えばお客様を見物にご案内することです。

（7）導く　　（謙譲語）奉攀
　　　　　　攀（pān）：よじ登る、高い人に取りすがる。

（8）旅行　　（尊敬語）行旌
　　　　　　旌（jīng）：旗。行旌：旅立ちを敬っていう言葉
　　　　　　（謙譲語）整装　旅支度を調える。
　　　　　　束装　旅装をまとめる。
　　　　　　启程　旅程を始める。
　　　　　　行装甫卸　甫（fǔ）：やっと　卸（xiè）：荷を下ろすこと　行装甫卸：
　　　　　　やっと旅装を解いたことをいう。

お会いしたく存じます

1. お訪ねしたく存じます

▶ 现有要公欲与 阁下面商。

重要な仕事があって閣下と面談したいです。

面商：面会して相談する

▶ 今有要公拟于日内晋谒 阁下面谈一切。

いま重要な公務があり、数日内にお宅に伺い閣下とお会いして一切をお話したいです。

▶ 兹因有事奉商拟于明日奉诣 尊府。

ここに事情があって相談したいため明日お宅に伺うつもりです。

诣（yì）：詣でる

▶ 深愿拜谒 崇阶，不知几时为宜，务祈示下日时是盼。

お宅に伺うことを深く願っており、いつが宜しいか、日時を示して頂けることを願います。

▶ 久仰盛名急欲一瞻 丰采。

お名前をかねてより伺っていますが、急遽一つお姿を拝見したく思います。

▶ 未审 阁下何日有假可以赐见，谨请复示。

閣下がいつ会って頂けるお時間があるか、まだ知らないので、お返事を下さい。

▶ 届时务希拨冗赐见为荷。

その時が来たらどうかお繰り合わせの上会見賜ればありがたい。

拨冗（bōrǒng）：万障繰り合わせる

手紙のやり取り

お願いの表現

お礼

贈り物各種

面会要請

催促

謝絶とお詫び

人の往来

お見舞い

お祝い・お悔やみ

2．宴席においで頂きたく存じます

▶ 略备菲酌，藉作清谈。虽是薄酒，望君莫辞。
いささか食事を準備し、それにかこつけて意見交換したいです。つまらぬ酒ではありますが、どうかご辞退なさらないことを望みます。
略（lüè）：本格的でない　**酌**（zhuó）：酒と食事。晩酌の酌ですね。

▶ 拟在敝馆略备晚餐。如蒙惠然肯来，何幸如之。
当館でいささか晩餐を用意しようと考えます。お出かけを承知頂ければ何と幸いでしょう。

▶ 弟当稍尽东道之谊，洁樽候光。
いささか主人のよしみを尽くしたく、食器を清めてご来訪をお待ちします。
稍（shāo）：わずかに　**东道**（dōngdào）：宴会の主人役　**光**（guāng）：光临、お出でになる。日本の中華料理店にもよく「歓迎光臨」と書いてあるのを見かけます。

▶ 假〇〇酒楼敬备喜酌恭候 光临。
〇〇レストランでお祝いの宴席を用意してお越しをお待ちします。

▶ 拟设宴祖道，藉抒离情。
宴を設けて送別をし、それにかこつけてお別れの気持ちを述べたく思います。
祖道（zǔdào）：見送り

▶ 敢邀 阁下惠然枉驾。
閣下がまげてお出でになるよう勇を奮ってお招きします。
枉（wǎng）：意に反してわざわざ　**驾**（jià）：移動を敬っていう

3. おいで頂きたく存じます

▶ 何日来此，願得晤谈为幸。

いつかここにおいで頂きお話しできれば幸いです。

論理的には、**愿得晤谈**（会えることを望む）か、**得晤谈为幸**（会えれば幸いである）のいずれかのはずですが、意識の流れをそのまま書くことにあまり抵抗がないようです。

▶ 祈望一会，共叙友情。

ひとつお会いして共に友情を語りたいです。

▶ 若蒙光临寒舍，当不胜荣幸之至。

拙宅においで頂ければ光栄の至りです。

これも、**当不胜荣幸**か**当荣幸之至**のいずれかでいいのですが、続けて言葉を並べています。

▶ 扫径以待。

沿道を掃除して待っています。

これは筆者が愛新覚羅家の方に頂いた手紙から拾った表現です。いかにも来訪準備にいそしんでいる雰囲気が伝わります。ちなみに、元皇族を**皇逊**（huángxùn）と言います。

コラム3 同じ中国人、でもところ変われば

コラム4で紹介するように、中国人は身内のためなら命を投げ出す覚悟さえしますが、「友のために死ぬ」という心意気は、「走れメロス」を読まずとも、私たち日本人にも理解できるものでしょう。それだけに、友人に物事をお願いするということは、相手も相当な覚悟でやってくれるし、同様のことをこちらも期待されるという点で、重いものがあるのです。

もちろん、一言で中国人といっても、大きな国で、もともとは異民族の寄り合い所帯だったのが「漢族」というアイデンティティーを次第に構成していったという分析もある位で、地域差が相当にあるようです。共通の価値基準は数千年に及び堆積された膨大な漢籍の中に表現され、統一されていますが、大まかに言うと北京人は意気に感じ、上海人は保身に長け、広州人は利に聡いと言われます。これを、「**北京人爱国，上海人出国，广东人卖国**」と揶揄したりします。

年来の友人で会社を経営している中国人が教えてくれた話。職場には北京人も上海人もいる。北京人の従業員に対しては、それぞれの経歴によって軍の記念日や党の記念日の際に個別に食事会をしてやる。そこで大いに飲んで持ち上げてやると、「もう社長のためなら命もいらない！」となるそうです。

これが上海人となると話が違い、特に食事には誘わないが、彼や彼女の普段の仕事への評価を率直に伝え、目標を与え、目標を達成したらいくらのボーナスをはずむ、と言っておけば、気持ちよく働いてくれる。そうしないと、そそくさとトラバーユするそうです。

なお彼は、広東で働いたことはあるが、広州人は雇ったことがないそうです。

課 題 ⑤

　旅から旅の「フーテンの寅さん」を宴席に招いてみましょう。

拝啓　秋の候　かねてよりご高名を伺っておりましたが、

未だお目にかかる機会を持てずにおります。是非お邪魔い

たしたく、いつがご都合よろしいか、是非日時をお示し頂

ければ幸甚です。これとは別に、弊館にて夕食を差し上げ

たく存じます。おいで頂けるならば幸いに存じます。

　秋風が身にしみます。ご加餐下さいますよう。

敬具

○○拝

車寅次郎様

手紙のやり取り

お願いの表現

お礼

贈り物各種

面会要請

催促

謝絶とお詫び

人の往来

お見舞い

お祝い、お悔やみ

✏️ **書いてみましょう。**（解答は 176 ページ）

第 6 講

お返事をお待ちしております

【催促】

【実例】

　蔡元培から黄炎培宛。電文ですが、手紙と基本的に変わりません。

> 苏州都督府黄韧之先生鉴:
>
> 　　来电悉。江君被选，然教育部普通司司长需人至亟，仍请江君任部务，而提议以次补员任江苏参议员，琼可通过。如江君必不能来，则非公自任本部司长不可,并请速来。以全国与一省校，轻重悬殊，务请承诺。鹄候复电。
>
> 　　　　　　　　　　教育部　蔡元培
>
> 　　　　　　　　　　1912 年 4 月 22 日

【訳文】

電報拝領。江君が当選した由、然るに教育部普通教育局局長の人繰りが急務であり、江君に部の仕事に任じて頂き、繰り上げ当選者を順次江蘇省参議員に充てることを提案します。多分承認されるでしょう。江君がもしどうしても来られないのであれば、貴兄自ら当部局長をやって頂かなければならず、それもすぐに来て頂きたく思います。全国と一つの省とを比べれば、軽重の度合いがまるで違います。どうか承諾して下さい。お返事をお待ちします。

四月二十二日

教育部　蔡元培

黄炎培様

○語句解説○

黄炎培	（1878〜1965）上海生まれ。代表的職業教育家。清朝末期には日本に亡命していたことがある。1917年中華職業教育社を創設して職業教育に貢献。現在中国で認められている民主党派の一つ、中国民主建国会の創設者でもある。韌之はあざな。
需人至亟	人が必要であること、至って急である。亟（jí）は差し迫ること。
以次補員	繰り上げ当選のことをいいます。
諒可通過	多分可決されるだろう。
非公自任本部司長不可	あなたがご自分で教育省の局長をやって頂かないといけない。
以全国与一省校	全国と一つの省とを比べて。校（jiào）：比べる
軽重懸殊	軽重の度合いがまるで違う。懸殊（xuánshū）は大差がある。

ポイント

返答を求めたり、指示を求めたりするときの表現を掲げました。これ
も応用範囲の広い言い方です。手紙の約束事は**政官界**。時令は**七月から
九月**です。叙別は、**場所が離れていることに着目した表現**です。

Ⅰ　手紙の約束事

1.　邀覧（相手が政官界の場合）

「○○様」

勋鉴	钧鉴	钧座	台鉴	台座

勋（xūn）：手柄

2.　時令：七月から九月

「○○の候」

◎七月「新涼の候」（別名：**孟秋　首秋　肇秋　兰秋**）

○ 爽气朝来，新凉初透。

　爽やかな空気が生き生きと渡ってきて、来たばかりの涼やかさがやっと
　浸みていきます。

○（闰）一闰归余，双星重会。

　閏月が余分に付け加わり、二つ星がまた出会います。

双星：牽牛と織女。七夕のことです。　　**重**（chóng）：重ねて

◎八月「仲秋の候」（別名：**仲秋　中秋　桂月　仲商　商呂**）

○ 桂香含露，金气迎风。

　桂の香りは露を含み、秋の空気は風を迎えます。

手紙のやり取り

お願いの表現

お礼

贈り物各種

面会要請

催促

謝絶とお詫び

人の往来

お見舞い

お祝い、お悔やみ

○（闰）时属中秋，月添一闰。

時は中秋、月は閏を加えます。

◎九月「暮秋の候」（別名：**季秋　菊序　霜序**）

○ 寒露初凝，肃霜渐冷。

秋の露がやっと凝縮し、静かな霜が徐々に冷えていきます。

寒露：二十四節気の一つですが、ここでは秋の露と解します。

○（闰）月余一闰，日展重阳。

月は余って閏となり、日は重陽に広がります。

重阳（chóngyáng）：旧暦九月九日。家族で集まって高いところに上る風習があります。

3．依地叙别

「お別れして以来○○月経ちました」

○ 咫尺相违，如隔千里。

お互い僅かしか離れていないのに千里も離れているようです。

咫尺（zhǐchǐ）：距離が近い様。

○ 远隔重洋，跋涉维艰。

重なる海原を遠く隔て、行く手は困難です。

跋涉（báshè）：行く手が困難なこと　**维**：ここでは字句を整えるのに使われています

艰（jiān）：困難

○ 海天远隔，临书神驰。

海も空も遠く隔てていますが、手紙を書くにあたり心を馳せます。

○ 别后远阻山河，不觉顿移节序。

お別れ以来山河に遠く阻まれ、知らず知らず時が移ろいました。

○ 恭維　勛猷卓越，动定绥和，以欣以慰。

　　大いなる政策が卓越し、動静が安らかであることを喜ばしく思います。

　　猷 (yóu)：はかりごと

5. 請安 「敬具」

（政界）　┌─────────┐　　┌─────────┐　　┌─────────┐
　　　　　│ 敬请　政安 │　　│ 祗请　钧安 │　　│ 敬颂　崇安 │
　　　　　└─────────┘　　└─────────┘　　└─────────┘

（軍人）　┌─────────┐　　┌─────────┐　　┌─────────┐
　　　　　│ 伏乞　戎安 │　　│ 肃请　勋安 │　　│ 恭请　麾安 │
　　　　　└─────────┘　　└─────────┘　　└─────────┘

6. 補充表現

（1）寛容　（尊敬語）**俯宥** (yòu)

（2）考え　（尊敬語）**尊裁　贤虑　尊仪　令图　雅怀　垂察　意下　尊意**
　　　　　（謙讓語）**鄙怀　鄙见　管见　拙见　敝悃**

（3）否定　中国語には様々な否定表現があります。通信文でも、字を使
　　　　　い分けた簡約な表現が尊ばれます。

　　　　　不：そうしない。

　　　　　否：それとちがう。

　　　　　与否：そうかどうか

　　　　　可否：していいかどうか

　　　　　非：そうではない。

　　　　　并非：決してそうではない

　　　　　绝非：絶対そうではない

この字と同じ意味で、匪（fěi）と言う字も使われます。

教益非浅：教えの利益浅からず（勉強になりました）

口福匪浅：口の幸福浅からず（おいしかったです）

无：ない。　　　　**无几**：幾つもない

　　　　　　　　　　毫无：全然ない

未：まだしない。　**尚未**：いまだにしない

　　　　　　　　　　未接：未だに受け取っていない

失：しそこねる。　**失察**：監督不行届

　　　　　　　　　　失陪：お先に失礼

手紙のやり取り

お願いの表現

お礼

贈り物各種

面会要請

催促

謝絶とお詫び

人の往来

お見舞い

お祝い、お悔やみ

お返事賜りたく存じます

1．年長者に対する表現

▶ 如遇鸿便，乞赐 钧复。

ご都合のよろしい時お返事賜りたく存じます。

遇（yù）：遭遇　**鸿便**（hóngbiàn）は相手の都合がいいことをいう。

▶ 恳赐 示复，无任祷盼。

お返事を頂きたく、期待に堪えません。

2．同輩に対する表現

▶ 幸赐 好音，不胜感祷。

幸いにも反応を頂ければ感謝に堪えません。

▶ 是否有当，尚乞参酌见复。

それでいいか否か、どうか斟酌の上お返事下さい。

▶ 尚望不弃，时赐 南针为盼。

お見捨てなく、時にご指導頂けることを期待します。

南针：指南

3．早くお返事をお願いします　ー催促するときの表現

▶ 杳无回音，尊意如何，请即告知。

杳として返事がありませんが、お考えはどうか、すぐ教えて下さい。

杳（yǎo）：消息がさっぱりない

▶ 余不尽言，唯希从速赐复为要。
これ以上言っても尽きませんが、大事なのは早めにお返事を頂くことであり、ただそれを願っています。
从速（cóngsù）：早めに

▶ 恃爱催促，尚祈鉴原。
ご寵愛を恃んで催促するが、どうかお察し頂きお許し下さい。
恃（shì）：頼る　**原**（yuán）：許す

▶ 敬候回谕。
お返事を待ちます。

▶ 立盼速复。
早い返事を立って待っています。

▶ 伫盼佳音。
立ってお返事を待っています。
伫（zhù）：座っていられないので立っている

▶ 鹄俟玉谕。
首を長くしてお返事を待っています。
鹄俟（húsì）：まっすぐ立って首を伸ばして待つ

4．お考えをお聞かせ下さい　ー指示を乞うときの表現

▶ 是否可行，呈请　鉴核示遵。
それでいいか否か、検討頂きお示し頂けるようお願いします。
呈请（chéngqǐng）：申請　**核**（hé）：検討する

▶ 可否之处，恳请　核示祗遵。
できるか否か、ご検討頂きお示し頂ければ敬い従います。

▶ 意下如何，尚望告知。
　お考えはいかがか、どうかお知らせ下さい。
　意下 (yìxià)：相手の考え

▶ 所议妥否，伏祈酌裁。
　申し入れたところのことが妥当か否か、伏して判断を頂きたく存じます。

▶ 悉听尊裁。
　ご判断を聞くこととします。

5．他の人にお願いする際の表現

　お願い事について、先方の都合が悪い場合、他の方にお願いしなければならなくなることがあります。「他にお願いする都合があるので」という表現です。なおこれらの表現は、こちらの都合が悪いのでほかを当たって下さい、という場合の表現にも使えます。

▶ 觅人以代
　人を捜して代わってもらう。
　觅 (mì)：捜す

▶ 以便他图
　ほかに計画できるよう。

▶ 别作良图
　別途いい計画ができるよう。

▶ **另选贤能** ··········

ほかに当たって欲しい。

另谋高就、**另请高明**でも同じ意味ですが、後者の表現はややぶっきらぼうな印象を与えるようです。

人を探すことを**物色人才**といいます。日本語で「物色」というと、よからぬ語感がありますが、中国語の書簡文では普通に使います。

ついでに、「このポストは今適任者がいない」という表現を掲げておきます。

▶ 此席尚悬虚以待。

▶ 此席尚付悬如。

▶ 一时颇乏其选。

▶ 现尚乏人接充其事。

農家の素朴な土壁が、質素で、それでいて豊かな生活を物語ります。

（河南）

宛先は課題２と同じ、「沈黙の艦隊」登場人物です。これまで学んだ表現で対応できます。

拝啓　爽やかな風がわたる季節となりました。遠く海を隔て、筆を執るにつけ懐かしさが込み上げてきます。的確な指導を重ねておられることと存じます。先般お手紙を差し上げましたが、もうお目通し頂けたかと存じます。それにてよろしきや、ご指示頂ければと思います。ご都合が許せばお返事賜りたく存じます。首を長くして待っております。

　少しずつ寒さが増して参ります。ご自愛下さいませ。

敬具

〇〇拝

張有為国家主席閣下

手紙のやり取り

お願いの表現

お礼

贈り物各種

面会要請

催促

謝絶とお詫び

人の往来

お見舞い

お祝い、お悔やみ

✏️ **書いてみましょう。**（解答は 177 ページ）

どうかお許し下さい

【謝絶とお詫び】

【実例】

　周恩来より張雪澄へ、原稿の遅れを詫びる手紙です。これも、すでに学んだ表現で十分理解できる簡要な手紙です。それにしても、あの周恩来にしてこのような不手際を詫びることがあったのですね。

雪澄先生：

　　本日事忙且累，終至不能执笔，预约之文，乃至不能完篇,甚歉甚歉！惟该文二三日内必能完篇,下期当可送登。特此函达，至希鉴谅，顺致

敬礼！

　　　　　　　　　　　　　　　周恩来

　　　　　　　　　一月五日（1939 年）

【訳文】

　本日は仕事が忙しく、また疲れてしまい、結局筆を執ることができず、お約束した文は完成できませんでした。申し訳ありません。この文は二、三日中にはきっと書き終わり、次号にはお送りして掲載頂けると思います。まずはここにお手紙差し上げ、お許しを請います。お元気で。

一月五日

周恩来

張雪澄様

○語句解説○

雪澄	（１９０５〜）張雪澄。福建省生まれ。黄炎培とともに中華職業教育社で活躍。抗日救国をモットーにした雑誌「国訊」を編集。
乃至（nǎizhì）	ひいては。
该（gāi）	その。当該の該です。
下期	次の号。
特此	まずは。

手紙の約束事

---

1. 時令：冬 (冬の別名：玄阴　严节　寒辰　玄序) 「○○の候」

○ 雪覆冰封，梅花独艳。

　　雪が覆い氷が張りつめ、梅の花だけがあでやかに咲いています。

○ 日行北陆，春到南枝。

　　日は北を巡っていますが、梅の枝には春が来ます。

○ 长松点雪，古树号风。

　　松に雪が点々と積もり、古い木は風に鳴ります。

○ 水澄清月，草蔽繁霜。

　　水は澄んで清らかな月を浮かべ、草は繁く霜に覆われます。

　　蔽 (bì)：覆う

114

手紙のやり取り

お願いの表現

お礼

贈り物各種

面会要請

催促

謝絶とお詫び

人の往来

お見舞い

お祝い・お悔やみ

2. 恭維 （相手が財界の場合）

「ますますご清栄のこととお慶び申し上げます」

○ 辰维　骏业日隆，百务顺遂为颂。

事業が日に日に盛んで、多くの仕事が順調であることを寿ぎます。

骏（jùn）：大きくて立派なこと　**遂**（suì）：思いのまま

○ 辰维　财祺懋介，动定咸宜为颂。

財産の幸せが盛んで大きく、動静ともによろしいことを寿ぎます。

懋（mào）：盛ん　**介**（jiè）：大きい　**咸**（xián）：全部。動と静と両方とも、ということです。

○ 比维　利路亨通，财源广进，企颂奚如。

儲けのルートが通り、財源が広く進んでおり、つま先だって寿ぐこといかばかりでしょう。

3. 珍重：冬

「ご自愛下さい」

○ 严风极冷，请厚自珍爱。

厳しい風は大変冷たいので、どうかご自愛下さい。

○ 日来寒威愈烈，伏维　福躬无恙。

このところ寒さがいよいよ激しいので、お体が病気にならないよう願います。

4. 請安 （相手が財界の場合）

「敬具」

> 敬请　筹安

> 顺颂　筹祺

> 叩请　财安

筹（chóu）：資金を集めること。

5．追伸

| 又启。 | 又及。 | 又陈。 |

| 补启。 | 再启。 | 再者， |

　追伸は、手紙をすべて書き終わり、署名をした後、更にその後に付けます。

　ここで掲げた言葉は、いずれも追伸の末尾、読点（「。」）の後に書かれるようです。但し再者，だけは追伸の文頭です。

6．補充表現

（1）値引　　**格外克己**　値引きを、自分に打ち勝つと表現します。

（2）月末　　**月杪**　杪（miǎo）：こずえ

（3）会社　　（尊敬語）**宝号　貴行　鸿号**
　　　　　　（謙譲語）**小号　敝号**

（4）仕事　　（尊敬語）**公干　貴干**
　　　　　　（謙譲語）**贱冗**　冗（rǒng）：無駄　**贱事　俗冗　俗务**

（5）失業　　（謙譲語）**赋闲　株守家园**　株守は韓非子の故事から。「待ちぼうけ」の歌で知られています。

（6）返す　　（尊敬語）**掷还**
　　　　　　（謙譲語）**奉赵　璧还**
　　　　　　この二つの表現は、いずれも藺相如の**完璧归赵**（wánbì guī zhào）の故事に依っています。元のまま返すことです。
　　　　　　奉缴

（7）協力する　（尊敬語）**屈就　屈尊　俯就**

（8）許可する　（尊敬語）**俯允　俯采**

Ⅱ　謝絶とお詫び

1．都合が悪くて行かれません

▶ 因约定在先，无法从命。

約束が先にあったので、命に従う方法がありません。

▶ 俗务猬集，事与愿违，只得稍缓时日，徐图良晤。

つまらない仕事が重なって、願いと事象が違ってしまい、やや日時を先延ばしにして、よい話し合いを余裕を持って計画するしかありません。

猬集（wèijí）：集まる　**徐图**（xútú）：余裕を持って計画する

▶ 适有他事，不克抽身奉陪。

ちょうどほかの事情があり、身を抜き出しておそばに行くことができません。

不克はできない。主として能力的にできないことを指します。

▶ 路远事牵，不克赴会。

道は遠く事情に引っ張られ、会に赴くことができません。

▶ 本应登门叩谢，现奉芜函以代，幸恕不周。

本来お伺いしお礼申し上げるべきところ、お手紙を差し上げて代わりとするので、周到でないことを許して頂ければ幸いです。

恕：許す　**不周**：到らない、周到でない。　日本語の挨拶状の末尾によく見る「略儀ながら書中にてご挨拶申し上げます」に当たる表現として使えます。**书此致谢**という表現もあるようです。

手紙のやり取り

お願いの表現

お礼

贈り物各種

面会要請

催促

謝絶とお詫び

人の往来

お見舞い

お祝い、お悔やみ

2．病気で行かれません

▶ 因抱病臥床，不能奉陪。

病を抱いて床に伏しており、おそばに行くことができません。

▶ 因患病未愈，实难赴会。

病を患ってまだ治らず、会に赴くことが本当に難しいです。

3．遠くて行かれません

▶ 远隔重洋，不能往贺。

重なる海原を遠く隔て、行ってお祝いを言うことができません。

▶ 远隔邮途，未遑趋贺。

街道を遠く隔て、まだ赴いてお祝いを言う時間がありません。

邮（yóu）：街道沿いの宿場　**遑**（huáng）：暇がある。

▶ 奈途远未果，歉怅奚如。

道が遠く結果が出ないことは如何ともしがたく、相済まなく残念に思うこと如何ばかりでしょう。

奈（nài）：どうしようもない　**歉怅**（qiànchàng）：済まなく、また残念に思う

▶ 适在沪上，弗克躬与盛会。

丁度上海にいて盛大な会合に自分で行くことができません。

适：丁度　**弗**（fú）：不と同じ　**躬**（gōng）：自ら　**与会**（yǔhuì）：会合に行くこと。上の**赴会**とともによく使われます。

手紙のやり取り

お願いの表現

お礼

贈り物各種

面会要請

催促

謝絶とお詫び

人の往来

お見舞い

お祝い、お悔やみ

4．能力がなくてできず申し訳ありません

▶ 力不能及，实难承诺，敬希鉴谅，容后图报。

力が及ぶことあたわず、誠に承諾することが難しいので、お許し頂き、後日改めてお返しします。

报（bào）：報いる、恩返しする

▶ 能力所及，仅此而已，无法奉命，尚希鉴谅。

力の及び得るところは僅かにここまでだけであり、命を奉ずることができないので、どうか許して下さい。

而已（éryǐ）：それのみ

▶ 庸碌之材，辱蒙重托，有负隆望，敬谢不敏。

凡庸な人間であり、かたじけなくも重いご依頼を頂きましたが、お望みに背くところがあり、役に立たず申し訳なく思います。

庸碌（yōnglù）：平凡な　　**不敏**（bùmǐn）：役に立たない

▶ 马齿徒增，不堪任用，特申辞忱，以让贤能。

年ばかりとって任用に堪えないので、特に辞退の気持ちを申し述べ、有能な人に譲ることとします。

徒：いたずらに。徒労の徒です。　　**堪**（kān）：できる、堪える

5．都合が悪くてできず申し訳ありません

▶ 蒙嘱之事，碍难办理，区区苦衷，尚祈鉴宥。

言い付けを頂いた事柄は、差し支えあってできないので、とるに足らない苦しい心の内をどうかお許し下さい。

碍（ài）：差し支えがある

▶ 前委之事，因公务繁忙，无法脱身，不便应命，祈获谅解。

以前ご依頼頂いた件は公務が忙しくて手が離せず、命に応じるのは都合が許さないのでご了解を得たく存じます。

委（wěi）：委ねる、委託する

▶ 所请碍难从命，谨请查知。

お願い頂いたことは差し支えがあってできず、お察し下さい。

查（chá）：調べる

▶ 盛意心领，然非不为也，实不能耳，即祈蔼照是荷。

お気持ちはありがたく頂くが、やらないのではなくできないだけなので、温かく見守って頂ければありがたいです。

心领（xīnlǐng）：気持ちだけ頂くという表現　　**耳**（ěr）：のみ　　**蔼**（ǎi）：穏やか

▶ 无以为之，实非得已，伏乞谅鉴为幸。

やらないのは本当にやむを得ないからで、お察し頂き許して頂ければ幸いです。

6．宴席に出られず申し訳ありません

▶ 辱承招宴，因有先约，恕难奉陪，心领感谢。

招宴を頂いたが、先約があるためおそばに行き難いことを許して下さい。お気持ちは頂きます。

恕（shù）：大目に見る。口語でも**恕我冒昧**（図々しくて済みません）等と使います。

▶ 厚情盛意，应接不遑，切谢。

ご厚情を受けるべきですが時間がなく、申し訳ありません。

谢（xiè）：あやまる。陳謝の謝です。

▶ 因是日适有先约，只得先时告辞，不克拜领盛馔。

その日は丁度先約があり、お先に失礼せざるを得ず、おもてなしを受けることができません。

是日：その日

▶ 不克分身拝領盛情。
　身を分けることもできず、お気持ちを受けることができません。

7．ご迷惑をおかけし申し訳ありません

▶ 未能尽如人意，尚请多多包涵。
　人が望む通りに尽くすことができず、どうか寛大に願います。
　包涵（bāohán）：寛大にする

▶ 前事有负雅意，十分抱歉，尚希恕之。
　以前の件はお心に背き、大変申し訳なく、これを大目に見て頂きたく存じます。

▶ 前事有逆尊意，不胜惭愧，万望海涵。
　以前の件はご意向に背き、申し訳ない気持ちに堪えません。どうか海のような心の広さを望みます。

▶ 疏失之处，请少垂宽恕之情。
　うっかりしてしまった点は、寛容の心を少しでも垂れて下さい。
　疏失（shūshī）：うっかりすること

▶ 诸多烦渎，惶愧奚如。
　お煩わせした点が多々あり、狼狽して申し訳ないこと如何ばかりでしょう。

▶ 迟延之罪，尚望谅察。
　遅れた罪についてはどうかお察し頂きお許し下さい。

▶ 不情之请，并希鉴原。
　情理をわきまえない厚かましいお願いを許して下さい。

▶ 不妥之处，尚祈见谅。
　妥当でない点はどうか許して下さい。

手紙のやり取り

お願いの表現

お礼

贈り物各種

面会要請

催促

謝絶とお詫び

人の往来

お見舞い

お祝い・お悔やみ

▶ 不当之处，尚乞谅宥。

適当でない点は許して下さい。

▶ 方命之疚，尚祈海涵。

命に背いたやましさに対し、広い心を示して下さい。

方（fāng）：背くこと　**疚**（jiù）：やましいこと

懸空寺（山西）

日本ゆかりの唐詩4

方干　送僧帰日本

　今回は、日本と中国に時差があることを認識しているような珍しい詩です。

四极虽云共二仪，晦明前后即难知。
西方尚在星辰下，东域已过寅卯时。
大海浪中分国界，扶桑树底是天涯。
满帆若有归风便，到岸犹须隔岁期。

方干	（８０９〜８８８？）　浙江の人。容貌が醜く、詩作は優れていたが官途に恵まれず、会稽に隠居した。
四极	広くて版図の大きい国。
二仪	天と地。
晦明	夜と昼。
寅卯时	午前４時頃、夜明け前。都長安と日本との時差は実質２時間ですから、まんざら大げさでもありません。
扶桑树底	扶桑はここでは扶桑の木の下の地面、つまり日本を指す。
犹须	それでもなおしなければならない。
隔岁期	年を隔てる。日本に行く間に年も変わる。

　第5講で会食に誘った「フーテンの寅さん」からの返事のつもりで。「釣りバカ日誌」の「スーさん」こと鈴木一之助は社長ですから、請安の用語に気を付けましょう。

拝復　　冬の候、商売繁盛のこととお喜び申し上げます。非才の身、重任をお任せ頂いてもお志に添えないかと存じます。いずれの日かご恩返しさせて頂きたいと思います。お志はありがたいのですが、決してやらせて頂きたくないというのではなく、本当にご用命に沿えないこととて、お許し頂ければ幸甚です。また、お招き頂きましたことにつきましても、生憎先約がありお先に失礼しなければなりませんので、ご歓待にあずかれません。お気持ちだけ頂きたく存じます。

　寒さ厳しき折柄、ご自愛下さいますよう。

敬具

○○拝

鈴木一之助様

手紙のやり取り

お願いの表現

お礼

贈り物各種

面会要請

催促

謝絶とお詫び

人の往来

お見舞い

お祝い、お悔やみ

✐ **書いてみましょう。**(解答は 179 ページ)

お訪ねしましたが
お会いできませんでした

【人の往来】

【実例】

　李大釗（り だいしょう）が胡適（こ せき）に、同じ共産主義活動家の蔡和森（さい わ しん）を紹介し、その本を出させてやって欲しいと依頼した文面です。依頼事項があって相手を訪ねたが会えなかったので、改めて手紙を出しています。

适之吾兄：

　前者路过上海，曽往西友寓所访兄，以已去杭未遇。尊恙已痊愈否？念念！

　蔡和森君所著之《俄国社会革命史》，《世界丛书》内可否纳入？和森很穷，专待此以为糊口，务望吾兄玉成。如何？盼你赐复。校中已决于九月十日举行开学礼，但上课恐须至下月了。

弟　李大钊

九月七日（1923 年）

【訳文】

　以前上海を経由した際、西友のお宅に伺い貴兄をお訪ねしましたが、杭州に行かれたとのことでお会いできませんでした。ご病気は如何ですか。念じております。

　蔡和森君の書いた「ロシア社会革命史」を「世界叢書」に含めることはできるでしょうか。和森は困窮しており、これで糊口を凌ごうと期待しています。どうか実現してやって下さい。お返事をお待ちしています。学校は九月十日に始業式を行うと決めましたが、授業は来月からになるでしょう。

九月七日

李大釗

胡適様

○語句解説○

李大釗	（１８８９〜１９２７）中国共産党草創期の指導者。河北省出身、日本に留学。帰国後新文化運動を展開し、北京大学教授を務めながらマルクス主義を中国に紹介した。張作霖により逮捕され、処刑された。
胡適	（１８９１〜１９６２）上海生まれ。アメリカ留学後、北京大学教授。白話運動を推進した。マルクス主義には批判的で、李大釗とも論争。１９３８年駐米大使となるが、1948年アメリカに亡命、後に台湾に渡る。「こてき」とも読む。 適之はあざな。
吾兄	親しい間柄の男性同士では相手を兄、自分を弟と称しますが、見ての通り、実年齢とは必ずしも関係ありません。
去杭	杭州に行った。地名も据わりを考えて一字で表すことが多いようです（北京は「京」上海は「沪」といった具合）。各省・自治区等の略称は、次の第９講で見ていきます。

尊恙	あなたのご病気。
已痊愈否	痊愈（quányù）は病気が治ること。もう治ったか否か。
蔡和森	（1895〜1931）中国共産党初期の幹部。湖南省出身、早くから毛沢東と共に活動。フランスに留学し、周恩来と共に共産主義運動を開始。香港で活動中に逮捕され処刑。
糊口	糊口を凌ぐこと。

旧正月の廟会（北京）

手紙のやり取り

お願いの表現

お礼

贈り物各種

面会要請

催促

謝絶とお詫び

人の往来

お見舞い

お祝い、お悔やみ

> **ポイント**
>
> 　本講では、**人の往来に関わる表現**を勉強します。人を訪ねたり、来てもらったりという日常的な場面に使える表現を選びました。
>
> 　また、手紙の約束事として、**十月から十二月にまつわる表現**を学んでいきます。

Ⅰ　手紙の約束事

1．時令：十月から十二月、大晦日

「○○の候」

◎十月「初冬の候」（別名：**孟冬　阳月　坤月　上冬　小春　应钟**）

○ 时为阳月，景属小春。

　時は十月、景色はちょっとした春のようです。

○（闰）小春垂展，积闰归余。

　小春日和の日々の始まりに臨み、閏月が重なります。

　垂（chuí）：近づく

◎十一月「厳寒の候」（別名：**仲冬　复月　龙潜　葭月　黄钟**）

○ 寒欲放梅，腊将舒柳。

　寒くて梅が咲こうとし、大晦日が迫って柳が葉を伸ばそうとしています。

○（闰）节临互岁，月纪余分。

　暦は年の変わり目に近づき、月の巡りは余分な一ヶ月となります。

◎十二月「晩冬の候」（別名：**季冬　嘉平　腊月　暮冬　大吕**）

○ 一年将尽，四序云终。

　一年が尽きようとしており、四季が終わりを告げます。

○（闰）寒逼周年，闰以成岁。

寒さが年の一巡に近寄り、閏月で丸一年となります。

逼（bī）：近寄る

○（除夕）椒花饯腊，爆竹催春。

山椒の花が年末のはなむけとなり、爆竹が春を促します。

北京でも事故や火事防止のため数年間禁止されていた爆竹が再び解禁になりました。地方にもよりますが、爆竹は大晦日の夕方から散発的に鳴らし始め、旧正月の元日午前０時、そして午前４時頃に大々的に鳴らします。

○ 画阁迎春，锦筵守岁。

絵のような楼閣で春を迎え、華々しい宴会の席で年の瀬を迎えます。

守岁（shǒusuì）は徹夜して新年を迎えることで、今も盛んです。子供たちは年長者に新年のあいさつをし、姓が印刷された赤い袋に入れたお年玉（**压岁钱**）をもらうのを楽しみにします。

夜が明ければ町に出て初詣（**逛庙会**）。旧正月は大きな公園や、近年各地で復興された寺や廟に、日本の初詣と同じような食べ物や玩具の屋台が賑々しく並びます。また親戚や上司・同僚への回り（**拜年**）も、日本とよく似た光景です。

○ 腊尽岁除，春明景丽。

十二月が尽きて年が改まり、春の明るさが満ちて景色も麗しいです。

腊：師走　**除**：除夜の除で、大晦日のこと。

2．補充表現　　　　　　　　　　　　　　　

（1）主題　　　　　値此○○之际　　　○○に際し。

（2）本題　　　　　至于○○一事　关于○○事宜

本題にはいる時の表現はあまり扱って来ませんでしたが、これも重要です。いずれも、何々に関しては、と主題を提示する時の表現です。

以下、一字だけで高い表現力を持つ字をいくつか拾ってみました。こうした字が使えるようになると文書も引き締まってきます。

（3）全局　　均　どれもすべて。　　亦　これもまた。

（4）時間　　方　やっと。　　仍　まだもって。
　　　　　　尚　いまだに。
　　　　　　逢　何々のたびに。　　毎逢周日　日曜日のたびに。

（5）程度　　頗　すこぶる。　　甚　はなはだ。
　　　　　　略　いささか。　　毫　少しも。
　　　　　　本　元々は。

（6）原因　　因　という原因で。　　故　だから。
　　　　　　由　という理由で。

　旧時の官庁間の公文では、相手の要望を引用する際、相手が上級官庁なら「…**等因**」、対等なら「…**等由**」、下級なら「…**等情**」で引用を締めくくり、さらに続けて、それぞれ「**奉此**…」、「**准此**…」「**据此**…」として要望に対する措置を記述する決まりでした。今は、「**等因奉此**」といえば、紋切り型の代名詞です。

手紙のやり取り

お願いの表現

お礼

贈り物各種

面会要請

催促

謝絶とお詫び

人の往来

お見舞い

お祝い、お悔やみ

Ⅱ 人の往来

1．お伺いしご教示賜りました

▶ 晋谒 台端，承蒙 教言。

貴殿に拝謁し、お教えを賜りました。

台端：貴殿　**晋谒**、**承蒙**、**教言**はいずれも既出の表現ですね。**教言**は**教益**でも結構です。

▶ 日前趋谒，备聆 高论。

先般お邪魔し、ご高説をうかがいました。

备（bèi）：つぶさに　**聆**（líng）：聴く

▶ 昨谒 崇阶，多承 教益。

昨日お宅に伺い、たくさんのお教えを承りました。

崇阶（chóngjiē）：高い階段、転じてお宅の玄関、お宅そのもの。

2．お伺いしましたがご都合悪くお会いできませんでした

▶ 日前走谒 崇阶，适值 公出未遇。

先般お宅に伺いましたが、丁度ご用事にて外出中で、お会いできませんでした。

值（zhí）：出会う

▶ 趋谒 尊斋，未值为怅。

お宅に伺いましたがお会いできなかったことが残念です。

尊斋（zūnzhāi）：あなたの書斎、転じてお宅　**为**（wéi）：何々だったことが何々になった、という言い方。

手紙のやり取り

お願いの表現

お礼

贈り物各種

面会要請

催促

謝絶とお詫び

人の往来

お見舞い

お祝い、お悔やみ

▶ 昨以某事趋谈，未能相遇，怅惘何如。

先般あることでお話しすべくお伺いしましたが、お会いすることができず、失意いかばかりでしょう。

昨は昨日とは限らず、何日か前でも使います。**惘**（wǎng）：がっかりすること。何如はいかばかりか、という反語です。

▶ 昨经尊处，正拟谒谈，适闻座有嘉宾，遂未遽相惊扰。

先般お宅の前を通りかかり、丁度うかがってお話ししようと思いましたが、その時よいお客様が来られていると伺い、結局心脅かし戸惑わせることはしませんでした。

适（shì）：ちょうど　**遂**（suì）：結局　口語だと**最后还是**といった表現になりますが、尺牘はあくまで簡素です。**遽**（jù）：いきなり　**相惊扰**（xiāngjīngrǎo）：驚かすことですが、**相**は相手に対して何かすること、**惊**は驚き、**扰**は邪魔、戸惑い。

▶ 讵意　阁下公忙未蒙赐晤怅何如也。

思いがけなくも、お忙しいことを理由にお会い頂けず、いかに残念なことでしょう。

讵（jù）：反語で、**意**（yì）：理解すること　**讵意**：どうして分かるだろうか、思いがけない　**未蒙赐晤**：まだ面会を賜ることをして頂いていない　最後の**也**（yě）は語調を整え、詠嘆を表しますが、多用すると却って陳腐です。**「之乎者也」**という表現も、先述の**「等因奉此」**と並んで、空疎な紋切り型を指すのです。

▶ 不遇空回殊深怅怅。

お会いできず空しく帰ってきて、失意は殊更深いです。

3．おいで頂きご教示賜りました

▶ 昨承　枉驾，把晤良欢。

先日わざわざおいで頂き、面会してとてもうれしかったです。
把晤（bǎwù）：面会

▶ 辰降 玉趾，备领 教言。 ·······································

ひとときおいで頂き、お考えを詳しく承知しました。

辰（chén）：ひととき　**降**（jiàng）：降ろす　**玉趾**：おみあし　相手が歩く様を敬っていいます。**领**（lǐng）：頂くこと。受領の領です。日本語でも、受け取ることの謙譲語を「拝領」といいますね。

▶ 日前 辱临，快慰之至。 ·······································

先般わざわざおいで頂き、とても楽しかったです。

日前：数日前。**前日**ともいいます。

4．おいで頂きましたが留守にしておりました

▶ 前日大驾辱临，有失迎迓为歉。 ·······························

先日わざわざお運び頂いたのにお迎えもせず、申し訳ありません。

有は語気を整える効果があります。後に続く**迎迓**（yíngyà）が二文字の熟語なので、「お迎えしなかった」を全体で四文字とし、落ち着かせるのです。

为歉：何々であったことを謝りたい。

▶ 前日屈尊光临寒舍，不迎为歉。 ·······························

先日わざわざ拙宅においで下さったのに、お迎えせず申し訳ありません。

皮日休　重送円載上人帰日本国

　円載上人がもう一度帰国しようとするのを送る詩です。貧しい上に病気がちなこの身、いっそのこと遠いところに帰る異国の僧侶と共に旅に出たい、という詩人の情感が出ています。なお、円載上人は結局帰国を果たせず、海の藻屑となりました。

云涛万里最东头，射马台深玉署秋。
无限属城为裸国，几多分界是亶州。
取经海底开龙藏，诵咒空中散蜃楼。
不奈此时贫且病，乘桴直欲伴师游。

皮日休	9世紀後半の湖北の人。陸亀蒙と並び称せられた。
円載	天台僧。いくつかの教義上の疑問を解き、また教典を持ち帰るため、円仁と共に入唐したが、帰路嵐に遭い遭難。慈覚大師円仁の「入唐求法巡礼行記」に度々その名が登場します。
射马台	王城を指す、との注があるが不明。円載が故国を「やまと」と言ったのを音写したとの説がありますが、なかなかロマンチックです。
玉署	すばらしい寺院。
裸国	服を着ない国。一見日本のことを蛮国扱いしているようで、その実単に風習の違いを無神経に表現しただけと思われます。
亶州	徐福が不老不死の妙薬を手に入れるために東に渡った際立ち寄ったという島。
龙藏	立派な倉庫。
诵咒 (sòngzhòu)	まじないの唱え言葉。
蜃楼	蜃気楼。東海に現れるので、日本を暗示しているとも思われる。

手紙のやり取り
お願いの表現
お礼
贈り物各種
面会要請
催促
謝絶とお詫び
人の往来
お見舞い
お祝い、お悔やみ

　今回は、同年配の人に対する、人の往来についての手紙です。相手は教師です。やや不自然な設定かもしれませんが、これも練習。

拝啓　小春日和の日々が続きます。お教えに接せずはや数ヶ月が過ぎましたが、お変わりなくご高弟に囲まれ、ご教学にお励みのこととお慶び申し上げます。先般お伺いいたしました際は種々ご教示賜りありがとうございました。その後再びお宅にお邪魔したのですが、お目にかかれず、心残りに存じます。また昨日はわざわざお越し頂きましたにも関わりませず、留守にしており大変失礼申し上げました。書面では言葉が尽きませぬ故、またお便り申し上げます。

敬具

〇〇拝

坂本金八様

手紙のやり取り

お願いの表現

お礼

贈り物各種

面会要請

催促

謝絶とお詫び

人の往来

お見舞い

お祝い、お悔やみ

✏️ **書いてみましょう。**（解答は 180 ページ）

ご病気の様子、
心配しております

【お見舞い】

【実例】

　毛沢東から張干への病気見舞いです。贈り物についての表現は、第4講を参照のこと。

次仑先生左右：

　　两次惠书，均已收读，甚为感谢。尊恙情况，周惇元兄业已见告，极为怀念。寄上薄物若干，以为医药之助，尚望收纳为幸。

　　敬颂早日康复。

毛泽东

一九六三年五月廿六日

【訳文】

お手紙を二通賜り、両方とも拝読しました。ありがとうございます。ご病気の様子については周世釗君から聞いており、大変案じております。お薬の足しにと思い、つまらないものをお贈りしますので、お納め頂ければ幸いです。

一日も早くお元気になって下さい。

五月二十六日

毛沢東

張干先生

○語句解説○

張干	（１８８４〜１９６７）湖南の人、毛沢東の母校湖南第一師範の校長。次仑はあざな。
周惇元	（１８９７〜１９７６）周世钊。惇元はあざな。湖南の人。教育家で、毛沢東の湖南第一師範での同級生。この手紙の当時は湖南省副省長。
业已	すでに。
薄物若干	若干のつまらないもの。薄謝進呈の薄。
收纳为幸	お納め頂ければ幸いである。

Ⅰ　手紙の約束事

1．珍重：気候の変化が激しい時　　「ご自愛下さい」

○ 近来寒暑不常，恳祈珍重自爱。

　このところ暑さ寒さが定まらないのでご自愛願います。

○ 气候多变，伏乞珍卫。

　気候の変化が激しいので伏して養生を乞います。

○ 乍暖犹寒，尚乞珍摄。

　やっと暖かくなったと思ったらまだ寒かったりするので養生を乞います。

　乍（zhà）：やっと　**犹**（yóu）：いまだに

○ 节令失常，寒暖无定，万请自爱。

　気候が尋常でなく、寒暖定まらないので、どうかご自愛願います。

　节令（jiélìng）：元々は立春、啓蟄など２４の節気を指します。

○ 千万自爱，以慰鄙怀。

　どうかご自愛なされたく、そうすれば私の気持ちも休まります。

　鄙怀（bǐhuái）：とるに足らぬ私の気持ち。

○ 时寒时暖，殊宜防患。

　時に寒く時に暖かいので、特に病気予防されるのがよろしいです。

手紙のやり取り

お願いの表現

お礼

贈り物各種

面会要請

催促

謝絶とお詫び

人の往来

お見舞い

お祝い・お悔やみ

○ 忽冷忽热，殊以为念。

急に寒かったり暑かったりするので、特に心配しています。

2. よろしく

◎（自分が、相手の家族等によろしく申し添える時）

○ 令尊大人前，乞代叱名请安。

お父上によろしくお伝え下さい。

叱名（chìmíng）：当方の名前を挙げること

○ 令堂大人前，祈代叩安不另。

母上によろしくお伝え下さい。

叩安（kòuān）：お辞儀をしてご機嫌伺いをする

○ 令正前，同此致意。

奥様にもよろしく。

○ 尊夫君前，乞代候不另。

ご主人様にもよろしくお伝え下さい。

○ 令兄处，乞代候不另。

兄上にもよろしくお伝え下さい。

○ ○○兄处，乞代致候。

○○（年長者）にもよろしく。

○ ○○弟处，烦为致候。

○○（年少者）にもよろしく。

○ 順候　令郎佳吉。

　ご子息によろしく。

（自分の側の人が、相手によろしく伝えて欲しいと言っている時）

○ 家严嘱笔问候。

　父がよろしくと申しています。

○ 内子附笔道候。

　家内が挨拶をと申しています。

　道（dào）：言うこと

○ ○○兄侍笔问好。

　○○氏がよろしくと言っています。

　侍（shì）：そばに寄り添っていること

3．補充表現

（1）火災

　　　　　（尊敬語）**惨遭回禄**

　　　　遭（zāo）：不幸に遭うこと　　**回禄**（huílù）：火の神

　　　　　（謙譲語）**失火**

（2）年齢

　　　　　（尊敬語）**尊齿　贵庚　春秋　法算**

　　　　　（謙譲語）**贱齿　马齿　痴长**

　　　　年齢の表現には、以下のようなものがあります。なお、喜寿、傘寿、米
　　　　寿、卒寿という表現はなく、それぞれ**七十七寿辰**などとします（傘寿は
　　　　杖朝でも結構です）。

7 歳　　　　　**毁齿**（huǐchǐ）　乳歯が生え替わる。

　　　　　　　髫年　**髫**（tiáo）：お下げ髪

手紙のやり取り

お願いの表現

お礼

贈り物各種

面会要請

催促

謝絶とお詫び

人の往来

お見舞い

お祝い、お悔やみ

15歳	学志	以下、論語の言葉が続きます。**十有五而志于学。**
	及笄	笄（jī）：かんざし
16歳	破瓜	瓜の字が八と八に分解できることから。
20歳	弱冠	
		なお「若輩者」には**乳臭未干**という表現があります。
24歳	花信	二四節気に際して吹く風を**二十四番花信风**といいます。女性の年に使います。
30歳	而立	論語の**三十而立**。
40歳	不惑	論語の**四十而不惑**。
50歳	知命	論語の**五十而知天命**。
	大衍（dàyǎn）	易経に**大衍之数五十**とあることから。
	艾年（àinián）	
60歳	花甲	還暦です。
	耳順	論語の**六十而耳順**。
70歳	甲満花齢	
	古稀	杜甫の詩に**人生七十古来稀**とあります。
	从心	論語の**七十而从心所欲，不逾矩**。
72歳	七秩晋二	秩（zhì）：十　晋（jìn）：進む
80歳	杖朝（zhàngcháo）	参内の際に杖をつくことが許されるのが８０歳からであることから来ています。
高齢	椿齢　尭寿	尭（yáo）：高い
	遐齢	遐（xiá）：久しい
100歳	期頤（qīyí）	

（3）行政区の略称

　台湾を含め、中国には２３の省、４つの直轄市、５つの自治区があります。これらは大体二文字の名前を持っていますが、語中でしばしば一文字に略され、字数の節約が図られます。北京・上海という代わりに**京沪**（北京上海高速鉄道は**京沪高速铁路**）、青海・チベットという代わりに**青藏**（青海チベット鉄道は**青藏铁路**）という具合です。

　これらは、車のナンバープレートの記号としても使われます。さらに、次の要領で動詞を付け、その場所への移動等を表すこともできます。

赴京	北京に赴く。	**抵津**	天津に着く。	**入沪**	上海入りする。
在渝	重慶にいる。	**出冀**	河北を出る。	**离晋**	山西を離れる。
辞辽	遼寧を辞する。	**归吉**	吉林に帰る。	**返黑**	黒竜江に戻る。

　略称は次の通りです。なお、内蒙古は略称がありません。また、北京の西側部分や福建の北側部分など、通常**京西**、**闽北**と表現しますが、新疆の南北は**南疆**、**北疆**という表現になります。

北京	京	天津	津	上海	沪または申
重慶	渝	河北	冀	山西	晋
遼寧	辽	吉林	吉	黒竜江	黑
江蘇	苏	浙江	浙	安徽	皖
福建	闽	江西	赣	山東	鲁
河南	豫	湖北	鄂	湖南	湘
広東	粤	海南	琼	広西	桂
四川	川または蜀	貴州	黔または贵		
雲南	滇または云	チベット	藏		
陝西	陕または秦	甘粛	甘または陇		
青海	青	寧夏	宁	新疆	新
台湾	台				

手紙のやり取り

お願いの表現

お礼

贈り物各種

面会要請

催促

謝絶とお詫び

人の往来

お見舞い

お祝い、お悔やみ

Ⅱ　お見舞い

1．お見舞い申し上げます

▶ **大示细读，尊恙极念。**

手紙を子細に読み、ご病気を大変に念じています。

▶ **闻君欠安，甚为悬念。**

貴方がご病気と聞き、甚だ懸念するところとしています。

欠安 (qiàn'ān)：ご病気

▶ **闻病甚念，务请安心静养。**

ご病気と聞き甚だ念じており、どうか心安んじてご静養下さい。

▶ **知尊恙复发，甚念甚念。**

ご病気が再発したと知り、甚だ念じています。

▶ **尊恙大愈否? 望珍摄自重。**

ご病気は大きく軽快したでしょうか。静養され自重されるよう望みます。

▶ **尚望珍摄尊体，安心治疗，早日痊愈。**

なおもお体に気をつけられ、心安んじて治療されて早期の全快を望みます。

▶ **尊恙已有起色，甚以为慰。**

ご病気がすでに快方に向かっているとのこと、甚だ安心しました。

起色 (qǐsè)：好転

▶ **贵体新痊，诸唯珍重。**

お体はやっと治ったところであり、ただご静養を願うのみです。

▶ 前遇来函，知尊恙已痊可。 ⋯⋯⋯⋯⋯⋯⋯⋯⋯⋯⋯⋯⋯⋯⋯⋯⋯⋯⋯⋯⋯⋯⋯

先般お手紙に接し、ご病気がすでに全快したと知りました。

▶ 重病新愈，望多休息。 ⋯⋯⋯⋯⋯⋯⋯⋯⋯⋯⋯⋯⋯⋯⋯⋯⋯⋯⋯⋯⋯⋯⋯⋯⋯⋯

重い病気がやっと治ったので、たくさん休んで頂くよう望みます。

▶ 欣闻贵体康复，至为慰藉。 ⋯⋯⋯⋯⋯⋯⋯⋯⋯⋯⋯⋯⋯⋯⋯⋯⋯⋯⋯⋯⋯⋯

お体が健康に戻ったとうれしく聞き、至って安心したところです。

２．こちらは心配ありませんのでご放念下さい

（１）事柄

▶ 幸各事安适，足告　雅怀。 ⋯⋯⋯⋯⋯⋯⋯⋯⋯⋯⋯⋯⋯⋯⋯⋯⋯⋯⋯⋯⋯

幸い諸事安らかで順調であり、お心に報告するに足りるでしょう。

（２）家庭

▶ 鄙寓均安，可释远念。 ⋯⋯⋯⋯⋯⋯⋯⋯⋯⋯⋯⋯⋯⋯⋯⋯⋯⋯⋯⋯⋯⋯⋯⋯

拙宅は皆安らかであり、遠くから案じて頂くことはありません。

均（jūn）：みんな、均しく　**释**（shì）：解き放つ。釈放の釈です。

▶ 阖寓无恙，请释悬念。 ⋯⋯⋯⋯⋯⋯⋯⋯⋯⋯⋯⋯⋯⋯⋯⋯⋯⋯⋯⋯⋯⋯⋯⋯

家の者は皆つつがないのでご懸念なさらないで下さい。

阖（hé）：合に通じ、全部。

▶ 幸寓中均平善，无念可也。 ⋯⋯⋯⋯⋯⋯⋯⋯⋯⋯⋯⋯⋯⋯⋯⋯⋯⋯⋯⋯⋯

家の中はみな平安で良好なので、案じなくて結構です。

▶ 幸阖家平安，乞释　锦怀。 ⋯⋯⋯⋯⋯⋯⋯⋯⋯⋯⋯⋯⋯⋯⋯⋯⋯⋯⋯⋯

幸い家中平安なのでお心から解き放って下さい。

▶ 幸举家安好，足纾　绮注。 ⋯⋯⋯⋯⋯⋯⋯⋯⋯⋯⋯⋯⋯⋯⋯⋯⋯⋯⋯⋯

幸い家を挙げて平安であり、ご心配を解いて頂けるに足ります。

纾 (shū)：解きゆるめる　**绮** (qǐ)：麗しい。綺麗の綺ですね。　　**注**：気持ちを注ぐことを指します。

（3）健康

▶ 贱躯如常，眷属安健，聊可告慰。

私の体調はいつもの通りで、家の者も健康であり、多少なりともお慰みを申し上げられるでしょう。

贱躯 (jiànqū)：自分の体　**眷属** (juànshǔ)：自分の家族　**聊** (liáo)：いささか、程度の甚だしくないことで自分の行為を謙遜していう。

▶ 幸贱体粗安，乞纾　锦注。

幸い私の体調はほぼ平安であり、どうかご心配を解いて下さい。

粗安 (cū)：大体、自分の状況を謙遜していう。

▶ 微恙已愈，现顽健仍如往日，免念。

大したことのない病気はすでに治り、今は頑健にして元通り昔日のようなので、ご案じ下さいませぬよう。

微 (wēi)：かすか、自分の状況を謙遜していう。　　**免** (miǎn)：やめて欲しい。

▶ 偶然微恙，幸近已愈，希无念为幸。

たまたまかすかな病気となったのであって、幸い最近すでに治ったので、案じて頂かなければ幸いです。

▶ 日前患病，现已复原，善饭如昔，勿念。

先般病を患いましたが、今は元に戻り、昔の通り健啖なので案じないで下さい。

勿 (wù)：なかれ

▶ 贱体初安，承问极感。

自分の体調はやっとよくなったところであり、お問いかけを頂き大変感激しました。

「釣りバカ日誌」の「ハマちゃん」、どうやらお父さんが病気のようです。

拝復　めっきり夏らしくなりました。連絡が途絶えて一年となりましたが、変わりなく過ごしていることと思います。聞けばお父上のご病気が再発した由、案じています。私の方はやや調子を崩したものの、今は元の通りの大喰らいです。ご心配なく。

　気候の変化が激しくなっております。ご自愛下さい。

敬具

〇〇拝

浜崎伝之助様

手紙のやり取り

お願いの表現

お礼

贈り物各種

面会要請

催促

謝絶とお詫び

人の往来

お見舞い

お祝い、お悔やみ

✐ **書いてみましょう。**（解答は 182 ページ）

コラム4 中国人の心を掴むには

　中国人の心をどう掴むか。日本流の真心と思っても、発想の違いをわきまえておかないと、下手をすれば却って怒らせかねません。

　中国人にとっても日本人にとっても、自分の次に大事なのは身内。中国人は身内を「**自己人**」とよび、自分自身と同一視して、身内のためなら命を投げ出す覚悟さえしています。中国語の「友好」が単なる友達付き合いといった生やさしいものではない、といわれるのもそのためです。では、どうするか。

　私が職場の大先輩に習った話です。「中国人に協力を依頼する時は、まず食事に誘いなさい。でもはじめての食事の時は、仕事の話は一切しない。しばらくしたらまた誘いなさい。今度も仕事の話は一切なし。三回目に誘う時は、向こうの方から協力を申し出てくる。」

　中国は豊かになり、単なる食事ぐらいで心を動かしてくれる人は少なくなりましたので、私は北京在勤中、自宅設宴に努めました。家族の写真をさりげなく飾っておけば、ファミリーな気分が演出されて、ほどなく「**自己人**」と化します。

　いずれにしても、初対面の相手に対し、前菜が運ばれてくるまでの僅かな時間を惜しんで食卓一杯に書類を広げてしまう日本人は、接待下手の極致といえるでしょう。

　ところで、日本は中国の亜流だと思っている人が多いような気がします。漢字をはじめとして、日本文化が中国文化から受けた恩恵を考えれば、そう思いたくなるのも無理はありません。しかし、ヨーロッパを代表するフランス文化について、ギリシャ文明の影響が隅々まで及んでいるからといって、フランスはギリシャの亜流だ、というのでしょうか。実際には、「共産主義」「幹部」など現代中国に欠かせない社会用語のほとんどは和製漢語です。ギリシャ語源のフランスの科学用語がギリシャに環流したように、日本も中国に言葉の恩返しをしています。

手紙のやり取り

お願いの表現

お礼

贈り物各種

面会要請

催促

諦絶とお詫び

人の往来

お見舞い

お祝い、お悔やみ

　面白いのは、次のような言葉です。「引き渡し」「手続き」「取り消し」「場合」。これらは漢語ではなく、大和言葉に漢字を当てただけのものですが、これも現代中国語に入り込んでいます。**「取消引渡手続的場合」**というフレーズで、純正中国語は僅かに**的**のみ。ここまでくると、本流亜流というのは意味がなく、言語文化を共有しているといってもいいでしょう。言葉の上では、日本人と中国人は**自己人**同士の間柄なのかもしれません。

どうかお気落ちなさいませぬよう

【お祝い、お悔やみ】

【実例】

　毛沢東の最初の夫人であり、恩師の娘でもあった楊開慧の母親が亡くなったことを、夫人の兄楊開智が電報で知らせてきました。毛沢東は葬儀のためのお金を送ると共に、墓は夫人と同じところでいい、と返事しています。

开智同志：

　　得电惊悉杨老夫人逝世，十分哀痛。望你及你的夫人节哀。寄上五百元，以为悼仪。葬仪，可以与杨开慧同志我的亲爱的夫人同穴。我们两家同是一家，是一家，不分彼此。望你节哀顺变。

敬祝

大安

毛泽东

一九六二年十一月十五日

【訳文】

　電報を頂き、楊夫人が亡くなられた由、哀痛の極みです。あなたと奥さまがお気落としのないよう望みます。葬儀のため、五百元を送ります。葬るのは、愛する妻楊開慧同志と同じ墓所でいいと思います。両家は一つの家であり、一つの家であるからには、分け隔てはありません。どうか気をしっかりとお持ち頂けますよう。

十一月十五日

毛沢東

楊開智様

○語句解説○

楊開智	楊開慧の兄。
杨老夫人	楊開慧の母。
悼仪	葬儀。
杨开慧	（１９０１〜１９３０）湖南省生まれ。毛沢東の恩師楊昌済の娘。毛沢東が江西の根拠地にいる間留守を守っていたが、軍閥に捕らえられ、殺害された。
同穴	同じ墓穴に埋めること。

　手紙の約束事

1．邀覧　
「○○様」

（1）お祝い（結婚式）

> 吉席

（2）お悔やみ

> 苫次　　礼席　　礼鑒　　矜鑒

苫（shān）：ござ、尊属の弔事を暗示します。**礼**（lǐ）は一般的です。

矜（jīn）：哀しみ。

2．啓事　
「拝啓」

（1）お祝い

> 敬肅者　　兹肅者

（2）お悔やみ

> 哀启者　　泣启者

手紙のやり取り

お願いの表現

お礼

贈り物各種

面会要請

催促

謝絶とお詫び

人の往来

お見舞い

お祝い、お悔やみ

3. 時令（元旦）

「○○の候」

○ 三元肇庆，六吕司春。

元旦は慶び事の初め。

六吕：音階　**司春**：春を司る

○ 献节方开，初阳始动。

正月がやっと明け、最初の陽の月が動き始めました。

献节：正月のこと　**初阳**：奇数を陽、偶数を陰として数えた時、一月が一年最初の陽の月であることをいいます。

4. 恭維（正月）

「ますますご清栄のこととお慶び申し上げます」

○ 辰维 履端肇庆，鸿禧呈祥，曷胜欣祝。

新しい年の始まる喜ばしい時に、大きな幸せが明らかになり、お祝いに堪えません。

履端（lǚduān）：年の初め　**肇庆**（zhàoqìng）：始まりの喜び　**鸿**（hóng）：大きい
呈（chéng）：明らかになる

○ 际此履端伊始，定卜 政体凝庥，曷胜欣慰。

年の初めに当たり、お体に幸福が集まっているに違いないと存じ、安らぎに堪えません。

伊始（yīshǐ）：始まり。伊は語気を整える字。　**卜**（bǔ）：占う　**凝庥**（níngxiū）：幸せが集まる。

---

5. 請安

（1）お祝い

（新年）	恭贺 年禧	敬颂 新禧	祗贺 新禧
（祝日）	敬贺 节禧	顺贺 节祉	
（季節）	敬请 春安	即颂 春祺	顺候 夏祉	此颂 暑绥
	即请 秋安	顺候 秋祺	敬颂 冬绥	此请 炉安

現代の実際の手紙では、このような季節のあいさつが一番多いようです。

（新婚）	恭贺 燕禧	恭贺 大喜	恭请 喜安

燕（yàn）夫婦を暗示します。なお、**燕贺**というと新築祝いになります。ちなみに、北京で宴会につきものの燕京ビール（**燕京啤酒**）は、北京の古い地名**燕京**（yānjīng）からとっているので発音に注意が必要です。

（誕生）	恭贺 麟喜	恭贺 璋厘	恭贺 瓦喜

以上は子供の誕生です。**麟**（lín）:麒麟児、男の子です。 **璋**（zhāng）:玉器。男の子が生まれたらあげる玩具を指します。 **厘**（xǐ）: 幸せ **瓦**（wǎ）:糸巻きで、これは女の子が生まれたらあげる玩具です。

（2）お悔やみ

	敬请 礼安	并颂 素履
（父母）	用候 苫次	顺候 孝履

手紙のやり取り

お願いの表現

お礼

贈り物各種

面会要請

催促

謝絶とお詫び

人の往来

お見舞い

お祝い、お悔やみ

6. 補充表現

（1）誕生日 　（尊敬語）**千秋　寿辰　华诞　令旦**

悬弧荣庆（男子。**弧**〈hú〉：弓。子が産まれると木に弓をかける習わしから）

设帨良辰（女子。**帨**：ハンカチ）

（謙譲語）**贱辰　贱日　贱降**

（2）就任 　（尊敬語）**坛坫荣膺　高就　高迁　荣升**

坛坫〈tándiàn〉：文壇の指導者　**膺**〈yīng〉：受ける　**荣膺**：光栄な地位につく。

（謙譲語）**安抵任所　接印视事　承乏**

承乏：人材がいないので欠員が埋まるまで穴埋めをすること。

（3）再任 　（尊敬語）**重膺**

（4）離任 　（尊敬語）**荣归**

（5）新築 　（尊敬語）**营建安宅　经营华屋**

この後に、**美轮美奂**（**轮奂** lúnhuàn は建物が高くて美しい）などと続けます。

（謙譲語）**草构数檐**

この後に、**聊蔽风雨**（いささか雨風をさえぎる）などと続けます。

（6）引越 　（尊敬語）**乔迁**　**乔**〈qiáo〉：高い

莺迁　ウグイスがよりよい環境を求めて巣を掛け替えることから。

（謙譲語）**迁居**

（7）合格　　　金榜题名　　雁塔提名

金榜は科挙の最終試験である殿試の合格発表掲示板。**雁塔提名**は唐の時代、科挙の合格者が雁塔に自作の詩を題する風習があったことを指し、ともに合格者名簿に載ることを指します。

（8）入学　　　采芹

（9）死後　　　含恨九泉

九泉：黄泉の国

未安窀穸

窀穸（zhūnxī）：墓穴。死んでも死にきれない、という表現です。

（10）自殺　　　自寻短志　短见　轻生

（11）死亡　　　弥留之际　回首　见背　骑鲸　玉折　作古　　逝世

父の死を**失怙**（hù）、母の死を**失恃**（shì）といいます。亡くなった自分の父母は、**先父**、**先母**。夫は**先夫**、**亡夫**。妻は**先室**、**亡妻**。先立った男の子は**亡儿**、女の子は**亡女**といいます。

（12）同僚　　　（尊敬語）贵同仁

　　　　　　　　（謙譲語）敝同仁

手紙のやり取り

お願いの表現

お礼

贈り物各種

面会要請

催促

謝絶とお詫び

人の往来

お見舞い

Ⅱ お祝い、お悔やみ

1．合格、入学祝いの表現

▶ 喜闻 先生金榜题名，谨寄数语，聊表祝贺。

喜ばしくも貴方が合格したと伺い、謹んで言葉を寄せて、いささか祝賀を表します。

▶ 欣闻 令息雁塔提名，匆至此函，诚表贺意。

うれしくも令息が合格したと伺い、そそくさとこの手紙を出して、祝賀を表します。

▶ 欣闻 令媛采芹之喜，由衷快慰，遥祝前程似锦。

うれしくもお嬢様が入学したと聞き、心からうれしく思い、遠くから前途がすばらしいことを祈ります。

2．新婚祝いの表現

▶ 欣闻二位喜结良缘，至为快慰。

お二人が良縁を結ばれたこと、うれしく伺い、喜ばしい限りです。

▶ 欣闻 足下花烛筵开，无限欣慰。

貴方が結婚披露宴を開くと聞いて限りなくうれしく存じます。

足下（zúxià）：先方への尊称　**花烛**（huāzhú）：結婚式　日本語でも華燭の宴という表現があります。

▶ 喜闻 足下燕尔新婚,特申祝贺。

貴方が結婚されると聞いてうれしく、特に祝意を申し述べます。

▶ 顷悉 阁下合卺之喜，谨祝幸福，白头偕老。

このたび閣下がご結婚と伺い、謹んでお幸せと共白髪となられることを祈ります。

白头偕老 (báitóuxiélǎo)：共白髪、結婚式の常套句

3．誕生祝いの表現

▶ 弄璋之喜，可庆可贺。

息子さんのご誕生、喜ばしいです。

▶ 弄瓦之庆，遥以致贺。

娘さんのご誕生、遠くからお祝いします。

▶ 闻育祥麟，谨此恭贺。

息子さんが生まれた由、謹んでお祝いします。

▶ 闻尊伉俪喜添千金，热忱致贺。

ご夫妻にお嬢さんが生まれた由、熱い心でお祝いを致します。

4．開業祝いの表現

▶ 欣悉 宝号择吉开张，定见骏业日新。

貴店が良き日を選んで開業されたとうれしく伺い、大いなる業務が日々新たであるに違いないと思います。

▶ 兹值 宝肆宏开，附将贺函。

貴店の開業に際し、お祝いの手紙を付します。

肆 (sì)：店

手紙のやり取り

お願いの表現

お礼

贈り物各種

面会要請

催促

謝絶とお詫び

人の往来

お見舞い

お祝い、お悔やみ

5．お悔やみの表現

▶ 惊悉〇〇不幸逝世，不胜哀悼。
　　驚きと共に〇〇が不幸にも亡くなったと聞き、哀悼に堪えません。

▶ 惊闻〇〇作古，家失柱石，悲痛万分。
　　驚きと共に〇〇が亡くなったと聞き、家が大黒柱を失われ、極めて悲痛
　　に存じます。
　　作古（zuògǔ）：死ぬこと　　**柱石**（zhùshí）：一家の大黒柱

▶ 〇〇逝世，深致哀悼，尚望节哀顺变。
　　〇〇が亡くなり、深く哀悼を致します。哀しみを少なくして現実に合わ
　　せて下さい。
　　节哀（jié'āi）：ご愁傷様。葬儀の常套句　　**顺变**（shùnbiàn）：変化に順応すること

▶ 〇〇逝世，谨表沉痛之悼念，尚望节哀自爱。
　　〇〇が亡くなり、謹んで沈痛なる哀悼の意を表します。哀しみを少なく
　　してご自愛下さい。

▶ 顷接讣告，不胜伤悼。
　　このたび訃報に接し、哀悼に堪えません。
　　讣（fù）：訃報

▶ 惊承讣告，悲悼不已，专函致唁，并慰哀衷。
　　驚きと共に訃報を頂き、悲しみがやみません。特に手紙でお悔やみを申
　　し上げ、悲しい心を慰めます。
　　唁（yàn）：お悔やみ

▶ 不知如何安慰是好，时光的流逝将冲淡悲哀。
　　どうやってお慰めしたらいいか分かりません。時の流れが哀しみを淡く
　　するでしょう。

▶ 不禁感到无限寂寞惆怅。

限りない寂寞と無念さを禁じ得ません。

▶ 音容笑貌，历历在目，教言至今萦绕耳畔。

お声や笑顔が歴然と眼前にあり、お言葉が今も耳元を巡ります。

萦绕（suǒrǎo）：ぐるぐる回る　**耳畔**（érpàn）：耳元

▶ 为了生者应振动精神，故人九泉有知，亦当欣慰。

残されたもののために気持ちを振り立たさなければならず、故人も草葉の陰でこれを知れば、また喜ぶに違いないでしょう。

▶ 请供在灵前，奠祭亡灵。

ご霊前に供え、亡くなった魂を祀って下さい。

奠祭（diànjì）：祀る

6．家族の不幸へのお悔やみの表現

（祖父）

▶ 惊悉 太老伯大人遂归道山，闻耗之下，曷胜感怆。

ご祖父様が遂に仙境に入られ、訃報を聞くにつけ哀しみに堪えません。

道山（dàoshān）：仙境　**耗**（hào）：訃報　**怆**（chuàng）：悲しむ

（祖母）

▶ 藉悉 令祖太伯母锦堂弃养，不胜泫然。

ご祖母様が御居室で子育てをおやめになったと伺い、涙が止まりません。

弃养：死ぬこと　**泫**（xuàn）：涙がしたたる様子

（父親）

▶ 骇悉 老伯大人遂捐馆舍，吾兄一旦失怙，自必哀毁愈恒。⋯⋯⋯⋯⋯⋯⋯

お父上が家をお捨てになったと知って驚き、貴兄が父親を失ったからに
は、哀しみは必ずや益々心を離れないに違いないと思います。

骇（hài）：驚く　**捐馆舍**（juānguǎnshè）：家を捨てる、ここでは死ぬこと
一旦（yīdàn）：何々したからには。

（母親）

▶ 顷闻 令堂太夫人鸾驭仙游，不胜惋悼。⋯⋯⋯⋯⋯⋯⋯⋯⋯⋯⋯⋯⋯⋯⋯

このたびお母上が霊鳥を駆って仙境に旅立たれたと聞き、驚きと哀しみ
に堪えません。

鸾（luán）：霊鳥　**驭**（yù）：御す　**惋**（wǎn）：驚き嘆く

（夫）

▶ 惊悉 尊夫君玉台一诏，旋赴修文。⋯⋯⋯⋯⋯⋯⋯⋯⋯⋯⋯⋯⋯⋯⋯⋯⋯

ご主人様に天のご下命があり、お亡くなりになったことを、驚きととも
に知りました。

玉台：天　**修文**：文士が死ぬこと。孔子の弟子であった顔淵と子夏が、死後に黄泉
の国で「修文郎」という官職に就いた、という伝説を元にした表現です。

▶ 矧 吾姊伉俪殊笃，自当悲不欲生。⋯⋯⋯⋯⋯⋯⋯⋯⋯⋯⋯⋯⋯⋯⋯⋯⋯

いわんや、貴女は夫婦の情に篤かったから、悲しみのあまり生きる気力
もなくされたとしても当然でしょう。

矧（shěn）：いわんや

（妻）

▶ 在太翁笃于伉俪，乍悼断弦，尤难慰量。⋯⋯⋯⋯⋯⋯⋯⋯⋯⋯⋯⋯⋯⋯

お父上は夫婦の情に篤かったから、いきなり大奥様が亡くなってお慰め
するのも難しいです。

笃（dǔ）：忠実であること　第４講で見たように、**弦**（xián）は琴の弦を指し、妻を暗
示します。

▶ 忽闻 尊嫂逝世之耗，琴弦中断，殊深惋悼。……………………………………………

突然奥様が亡くなったとの訃報を聞き、夫人を失った哀しみは特に深い
と存じます。

▶ 阁下伉俪情深，忽抱鼓盆之戚，自必有无限凄凉。………………………………

閣下は夫婦の情が深いので、突如として夫人を失った寂しさを抱え、必
ずや限りなく悲しかろうと存じます。

鼓盆（gǔpén）：妻を失うこと。荘子が妻を亡くして鼓を叩いて歌った故事を指す。

▶ 昆弦中断，蕙帐宵空。………………………………………………………………

夫人を失い、清らかな哀しみは夜空のよう。

（子女）

▶ 骇悉 阁下西河抱痛，兰摧玉折，悲怆自不待言。………………………………

閣下がお子様を失ったと聞いて驚き、早すぎた死にお哀しみも言うまで
もないと存じます。

西河抱痛（xīhébàotòng）：子貢が西河で子を失った故事を指す
兰摧玉折（láncuīyùzhé）：若死にすること

（兄弟）

▶ 阁下谊笃友于，一旦雁行失序，悲哀自不待言。…………………………………

閣下は兄弟の情に篤いので、雁の隊列の順番が乱れたとなると、お哀し
みは言うまでもないと存じます。

雁行失序（yànxíngshīxù）：仲のよい一団から人が欠けること

コラム5 中国人、在留外国人トップに

手紙のやり取り

お願いの表現

お礼

贈り物各種

面会要請

催促

謝絶とお詫び

人の往来

お見舞い

お祝い、お悔やみ

日本に在留する中国人は２００７年に韓国・朝鮮人を抜いて一位になりました（登録ベース）。日本で何かを学んでいる外国人は、留学、就学、研修、技能実習のどれをとっても中国人が最多です。

在留中国人のうち東北出身者が三分の一強を占め、台湾出身者をあわせると四割を超えます。日本と歴史的な関係の深い地域の人々が、今も日本に惹かれて来るのです。長野、福島は東北出身者の割合が高く、特に富山の在留中国人は半分弱が遼寧省から来ています。

新たな変化もあります。中国からの帰化は、天安門事件以降年々増えましたが、今世紀に入ってから年間四千人台で足踏み状態です。香港返還による自信回復や、中国の帰国留学生優遇策による留学生の帰化率低下が背景ですが、ここ数年は新規留学生数自体が微減しています。日本が魅力的な留学先でなくなってきているのです。

不法残留状態を合法化する「**黒転白**」という中国語があるなど、法律違反者も少なくありませんが、これは「分母」の多さも一因です。警戒して敷居を高くするだけではなく、中国人が日本を益々好きになり、将来の知日派として育つことに重点を置くべきではないでしょうか。日本に誇りと自信を持っていれば、できるはずです。

　中国でも大ヒットした「おしん」。中国語では「阿信」の字が当てられました。夫・田倉竜三が亡くなった際の見舞い状のつもりで。

ご主人の訃報に接し、一家の大黒柱を失われた悲しみいかばかりかと存じます。お声やお顔が今も目に浮かび、お言葉が今も耳元に響きます。残された方々のためにも元気をお出しになることが、亡くなられた方へのはなむけになるかと存じます。どうぞあまりお気落ちになりませぬよう。

敬具

〇〇拝

田倉しん様

手紙のやり取り

お願いの表現

お礼

贈り物各種

面会要請

催促

謝絶とお詫び

人の往来

お見舞い

お祝い、お悔やみ

✏️ **書いてみましょう。**（解答は 183 ページ）

日本ゆかりの唐詩6

陸亀蒙　和襲美重送円載上人帰日本国

　第8講に続き、円載上人を送る詩です。陸亀蒙は皮日休と共に並び称せられましたが、同じテーマで詩を作ることもあったようです。

老思东极旧岩扉，却待秋风泛舶归。
晓梵阳乌当石磬，夜禅阴火照田衣。
见翻经纶多盈箧，亲植杉松大几围。
遥想到时思魏阙，只应遥拜望斜晖。

陸亀蒙	9世紀後半、江蘇の人。
和	和す、一緒に詠う。
襲美	皮日休の号。
老思	いつも思っている。
东极旧岩扉	故郷日本の岩の扉、ということですが、第8講の詩と併せ読むと、ことによると円載上人が故郷の神話である天の岩戸について語ったのが詩人の印象に残ったのかもしれません。
泛（fàn）	一杯に広がる。
晓梵	**梵**（fàn）は寺院。
阳乌	太陽を指す。
石磬（shíqìng）	石でできた打楽器。
夜禅	夜に座禅をする。一種の勤行。
阴火	鬼火。
田衣	袈裟のこと。
盈箧（yíngqiè）	箱に溢れる。
几围	幾抱えもの太さがある。
魏阙（wèiquè）	望楼。宮廷を暗示する。
斜晖	斜陽。

課題解答＆解説

●●●

拝復　すっかり春めいてきましたね。この間会って以来はや一ヶ月となりましたが、変わりなく過ごしていることと思います。

　ちょうどお便りしようと思っていたところに、思いがけず手紙を頂き、委細承知いたしました。当方異動間もないこととて連絡もせず、失礼しました。

　暦は春となりましたが、寒さのぶり返しもあります故、呉々もご自愛下さい。

敬具
○○拝

カン・ジュンサン様

●●●

●●●

【Aさんの作品】

敬启者　东风解冻，丽日舒和。挥别　丰标忽将一月，
近维起居胜常，诸事顺适为祝。正欲修函致候忽奉华翰，
敬悉种切。交接之秋，无假修禀，甚以为歉。

　　现虽节届春融，寒威时复凛冽，务望珍摄为盼。
　　即请。

○○谨上

姜俊尚如晤

●●●

　はじめてにしては良くできたと思います。ですが、日本語の手紙表現に引きずられた部分も見受けられます。まず、宛名は日本語と違い、文頭に来ます。名前は呼び捨てにするのは落ち着かず、通常は何か肩書を付けますが、官職や地位でなくても結構です。ここでは**吾兄**を使いましょう。書き出しは「拝啓」でなく「拝復」でしたね。注意しましょう。**近维**は、「近頃思うに」という意味で、自分が行うことですから、行頭に持ってく

るのは不適切です。また、**华翰**は相手から来た手紙ですから、これを行末に持ってきてはいけません。最後に、請安は**即请　大安**等の組み合わせで使い、しかも前半の**即请**は、相手の健康を祈る等、これも自分が行うことですから、やはり行頭に持ってきてはいけないのです。

姜俊尚吾兄如晤：

敬复者　东风解冻，丽日舒和。挥别　丰标，忽将一月，近维起居胜常，诸事顺适为祝。正欲修函致候，忽奉　华翰，敬悉种切。交接之秋，无假修禀，甚以为歉。

　　现虽节届春融，寒威时复凛冽，务望珍摄为盼。即请

大安

○○谨上

課題2 (p.54)

拝啓　二月の候　お教えに接せずはや数ヶ月が過ぎましたが、ご健勝のことと存じます。実は不躾ながらお願いの儀があります。友人の○○君が仕事でお会いしたいと申しており、ご紹介申し上げますので、是非お会い頂ければと存じます。もしお聞き届け頂けるなら幸甚に存じます。
春は名のみの風の寒さ故、ご自愛下さいますよう。

敬具
○○拝

竹上登志雄内閣総理大臣閣下

竹上登志雄内阁总理大臣阁下尊鉴：

敬启者　仲春，近维　卧祉迎麻。其实，冒昧奉烦，惟望幸许。兹有友人〇〇君欲因公拜访，今特介绍，务希延见。务请俯采此仪，若肯俯从，再无别言。

　　现虽节届春融，寒威时复凛冽，务望珍摄为盼。敬请

钧安

〇〇謹上

遨覧（**尊鉴**）と思慕（**阁下**）はどちらか一つを付ければ良いのです。なお、この本では書簡を扱っていますが、公文書であれば、相手の名前と肩書き（**内阁总理大臣**）だけで結構です。

「二月の候」ですが、これは二月の自然について言及するのだから、「二月」と言い放つのではなく、本文中の決まり文句を使いたいところです。なお、注意が必要なのは、日本語の手紙でいう二月は新暦ですから、手紙を書いている時点での陰暦を確認し、場合によっては一月を表す決まり文句を使わなければならないことです。

恭維のことばのところで、**近维**を受ける語が抜けてしまいました。和文が「〜のことと存じます」なので、**卧祉迎麻**などで止めてしまいがちですが、この常套句は「お慶び申し上げます」の形が一般的ですから、原文に引きずられず、中国語でもこれに当たる**何胜欣颂**などの言葉が欲しいところです。また「お教えに接せずはや数ヶ月が過ぎましたが」も抜けてしまいましたので、足しましょう。

原文に引きずられるという意味では、「実は」もそうです。この「実は」という語は、日本語では本題に入ることを示す際に使われます。ここは敢えて訳出せずに、**冒昧奉烦**，**惟望幸许**でいいのです。

しかし、本題が始まることを示し、しかもお願いであることを明示する用語も学びました。**敬启者**です。「はじめに」で紹介したように、「启事」の言葉は必ずしも文頭に来るとは限らず、「さて」位の意味で本題の前に持ってきてもいいのです。そこで、「お願いの儀があります」の訳語として、この位置に**敬启者**を置いてみましょう。

しかしそれでは、「不躾ながら」が出ませんね。これには、さっき出た**冒昧奉烦**，**惟**

望幸许を、文の最後に持ってくることで、意味も通じ、手紙としてもすっきりします。

务希延见。务请俯采此仪という部分、相手へのお願いの言葉が重複して出ています。ここでは必要のない言葉なので、务请俯采此仪を削除しましょう。

∙∙∙

【模範解答】

竹上登志雄内阁总理大臣阁下：

　　探花谷旦，问柳芳辰，近维　卧祉迎庥，何胜欣颂。自违矩教，转瞬数月。敬恳者　兹有友人○○君欲因公拜访，今特介绍，务希延见。若肯　俯从，再无别言。冒昧奉烦，惟望幸许。现虽节届春融，寒威时复凛冽，务望珍摄为盼。敬请

钧安

○○谨上

∙∙∙

課題3 (p.70)

∙∙∙

拝復　めっきり夏らしくなりました。連絡が途絶えて一年となりましたが、変わりなくお過ごしのことと思います。先日は拙宅にお越し頂きお教えを賜り、誠にありがとうございました。またこの度は過分のものをお送り頂き、恐縮至極に存じます。お申し越しの件は方策を考えます故、ご安心下さい。

　手紙では語り尽くせぬことがあります。また連絡します。

敬具
○○拝

霞夕子様

∙∙∙

【Cさんの作品】

霞夕子先生懿鉴：

　　　长春扇暑，茂柳连阴。不通闻问，又复经年，闻祉绥和，以欣以慰。日前辱　临，备领　教言，快慰之至。还这次辱荷隆情，下颁

厚贶，却之不恭，受之有愧。

　　　所言之事，当为设法，请释念。书不尽意，余待后报。恭叩慈安

○○谨上

　相手が女性である場合の特別の用語はきちんと使用できています。相手は女性ですので、先生のほか、女士もいいでしょう。

　恭維のところで、「と思います」が落ちてしまいました。**维**はここでは惟と同じ意味で、思うことですから（「思惟」）、必ず書きましょう。「またこの度は」の表現、白話文で**还这次**としましたが、文語と白話文が交錯するし、**还**は過去ではなくて、これから行われることを指します。「また」は又がいいでしょう。「この度は」には、特に「今回」という意味はないのですが、**顷**という表現を学びましたので、これを使ってみましょう。その際、**顷辱荷**だと字数が中途半端なので、例文とは少し違うのですが、**顷荷**と縮めてみます。

【模範解答】

霞夕子先生懿鉴：

　　　长春扇暑，茂柳连阴。不通闻问，又复经年，近想闻祉绥和，以欣以慰。日前辱　临，备领　教言，快慰之至。又，顷荷　隆情，下颁　厚贶，却之不恭，受之有愧。

　　　所言之事，当为设法，请释念。书不尽意，余待后报。恭叩慈安

○○谨上

・・・

拝啓　麦秋の候　お教えに接せず幾年も経てしまいましたが、お教え益々隆盛のこととお慶び申し上げます。つまらないものをお送り致しますのでご笑納賜れば幸いです。

敬具
○○拝

桜木健一先生

・・・

・・・

【Dさんの作品】

櫻木建一老师讲座：

　　首夏熙和，麦秋清暑。不坐　春风，几度寒暑，敬维　道履清高，讲坛隆盛为颂。寄上薄物若干，尚望笑纳为幸。

○○谨启

・・・

　この課題は難しくありません。「麦秋の候」はぴったりの言葉がありました。「敬具」を省略しましたが、請安は必ず書きましょう。

・・・

【模範解答】

櫻木建一老师讲座：

　　首夏熙和，麦秋清暑。不坐　春风，几度寒暑，敬维道履清高，讲坛隆盛为颂。寄上薄物若干，尚望笑纳为幸。专此 并请海安

○○谨启

拝啓　秋の候　かねてよりご高名を伺っておりましたが、未だお目にかか
る機会を持てずにおります。是非お邪魔いたしたく、いつがご都合よろし
いか、是非日時をお示し頂ければ幸甚です。これとは別に、弊館にて夕食
を差し上げたく存じます。おいで頂けるならば幸いに存じます。
秋風が身にしみます。ご加餐下さいますよう。

敬具
○○拝

車寅次郎様

【Eさんの作品】
车寅次郎先生尊鉴：
　　水天一色，风月双清。每怀德范，辄深神往。深愿拜谒
崇阶，不知几时为宜，务祈示下日时是盼。除此以外，拟在弊
馆略备晚餐。如蒙惠然肯来，何幸如之。
　　秋风多厉，幸自摄卫。敬请
慈安

○○肃上

　　每怀德范は「お顔を思い出すたび」という意味。「お目にかかる機会を持てずにいる」
に換えましょう。**除此以外**はやや口語的ですので、言い換えます。日本語の「弊館」に
引きずられ、**弊馆**としてしまいました。弊は「悪い」という意味（「弊害」）。正しくは
敝馆です。**慈安**は相手が女性の時。別の用語を選びましょう。「寅さん」は旅ガラスなので、
旅行者用の請安もいいでしょう。

车寅次郎先生尊鉴：

　　水天一色，风月双清。久慕　高风，未亲　雅范。深愿拜谒崇阶，不知几时为宜，务祈示下日时是盼。另外，拟在敝馆略备晚餐。如蒙惠然肯来，何幸如之。

　　秋风多厉，幸自摄卫。敬请

旅安

○○甫上

課題6(p.110)

拝啓　爽やかな風がわたる季節となりました。遠く海を隔て、筆を執るにつけ懐かしさが込み上げてきます。的確な指導を重ねておられることと存じます。先般お手紙を差し上げましたが、もうお目通し頂けたかと存じます。それにてよろしきや、ご指示頂ければと思います。ご都合が許せばお返事賜りたく存じます。首を長くして待っております。

少しずつ寒さが増して参ります。ご自愛下さいませ。

敬具
○○拝

張有為国家主席閣下

【Fさんの作品】

张有为国家主席勋鉴：

　　爽气朝来，新凉初透。海天远隔，临书神驰。勋猷卓越，动定绥和。前奉安禀，度呈慈鉴。如遇鸿便，乞赐　钧复。仁盼佳音。

　　渐入严寒，伏维自爱。敬请

政安

○○拜上

• •

　恭維の部分、今度は「お慶び申し上げます」にあたる二つのキーワードが抜けてしまいました。また、恭維や、相手の行為を表す語句は、その前を一字開け（空格）するか、改行して、あくまでも相手の行為を尊重する形式を整える必要があります。

• •

【模範解答】

张有为国家主席勋鉴：

　　爽气朝来，新凉初透。海天远隔，临书神驰。恭维
勋猷卓越，动定绥和，以欣以慰。前奉安禀，度呈　慈鉴。是否可行，呈请　鉴核示遵。如遇鸿便，乞赐　钧复。仁盼佳音。

　　渐入严寒，伏维自爱。敬请

政安

○○拜上

• •

••

拝復　冬の候、商売繁盛のこととお喜び申し上げます。非才の身、重任を
お任せ頂いてもお志に添えないかと存じます。いずれの日かご恩返しさせ
て頂きたいと思います。お志はありがたいのですが、決してやらせて頂き
たくないというのではなく、本当にご用命に沿えないこととて、お許し頂
ければ幸甚です。また、お招き頂きましたことにつきましても、生憎先約
がありお先に失礼しなければなりませんので、ご歓待にあずかれません。
お気持ちだけ頂きたく存じます。

寒さ厳しき折柄、ご自愛下さいますよう。

敬具
○○拝

鈴木一之助様

••

••

【Gさんの作品】

鈴木一之助先生左右：

　　辰維　駿业日隆，百务顺遂为颂。力不能及，实难承诺，
敬希鉴谅，容后图报。盛意心领，然非不为也，实不能耳，即
祈蔼照是荷。因是日适有先约，只得先时告辞，不克拜领盛馔。

　　严风极冷，请厚自珍爱。敬请

筹安

○○敬启

••

　時候の挨拶が抜けましたね。恭維の言葉は、いきなり文頭に立たない方が無難です。
季節の言葉を先に入れましょう。日本語の方は短いですが、中国語は季節にあったもの
を選びましょう。また、「お任せ頂いても」、「お招き頂きました」、「お気持ちだけ頂く」

の表現も抜けています。

【模範解答】

铃木一之助先生左右：

谨复者　雪覆冰封，梅花独艳，辰维　骏业日隆，百务顺遂为颂。蒙　嘱之事，庸碌之材，力不能及，实难承诺，敬希鉴谅，容后图报。

　　盛意心领，然非不为也，实不能耳，即祈蔼照是荷。辱承招宴，因是日适有先约，只得先时告辞，不克拜领盛馔。心领感谢。

　　严风极冷，请厚自珍爱。敬请

筹安

〇〇敬启

課題8 (p.136)

拝啓　小春日和の日々が続きます。お教えに接せずはや数ヶ月が過ぎましたが、お変わりなくご高弟に囲まれ、ご教学にお励みのこととお慶び申し上げます。先般お伺いいたしました際は種々ご教示賜りありがとうございました。その後再びお宅にお邪魔したのですが、お目にかかれず、心残りに存じます。また昨日はわざわざお越し頂きましたにも関わりませず、留守にしており大変失礼申し上げました。書面では言葉が尽きませぬ故、またお便り申し上げます。

敬具
〇〇拝

坂本金八様

【Hさんの作品】

坂本金八老师函丈：

　　时为阳月，景属小春。疏奉　教言，一别累月，砚祉绥和，桃李满园，讲坛纳吉。晋谒　台端，承蒙　教言。然后再走谒崇阶未遇，不遇空回，怅惘何如。前日亦大驾辱临，有失迎迓为歉。书不尽言，余俟续呈。敬请教安。

○○敬上

　恭维のことば、テキストの例を三つそのまま並べていますが、これはどれか二つを選んで、「**恭维・・・为颂**」などで挟み込むのです。

　然后再ですが、日本語の「再び」に引きずられたようですね。**再**は話している時点より後に起きる事態を指しますから、ここでは不適切です。

　崇阶未遇，不遇空回。表現が重複しています。限られた部品の中からでも、こうならない表現を探すことは可能ですので、根気よく取り組みましょう。

　教安は、相手の教育事業が順調であることを指しますから、行頭に持ってきましょう。

【模範解答】

坂本金八老师函丈：

　　探花谷旦，问柳芳辰。疏奉　教言，一别累月，敬维砚祉绥和，桃李满园为颂。日前晋谒　台端，承蒙　教言，快慰之至。日后走谒　崇阶未遇，怅惘何如。昨日亦大驾辱临，有失迎迓为歉。书不尽言，余俟续呈。敬请

教安

○○敬上

・・

拝復　めっきり夏らしくなりました。連絡が途絶えて一年となりましたが、変わりなく過ごしていることと思います。聞けばお父上のご病気が再発した由、案じています。私の方はやや調子を崩したものの、今は元の通りの大喰らいです。ご心配なく。

　気候の変化が激しくなっております。ご自愛下さい。

敬具
○○拝

浜崎伝之助様

・・

・・

【Iさんの作品】

浜崎传之助如晤：

　　长春扇暑，茂柳连阴。不通闻问，又复经年，近维　起居胜常，诸事顺适为祝。闻知　令尊恙复发，甚念甚念。贱躯日前患病，现已复原，善饭如昔，勿念。

　　气候多变，伏乞珍卫。即请

痊安

○○敬启

・・

　同輩だという気安さからか、呼びかけを抜かしてしまいましたね。例文に**吾兄**がありましたので、これを使ってみましょう。

　また、「お父上」が**令尊**、「ご病気」**尊恙**なので、思わず一字省略してしまったようですが、これでは意味が通じません。確かに、尊が二文字重なるのは据わりが悪いですから、ここでは「お父上」に当たる別の言葉を探しましょう。

　贱躯日前患病でも意味は通じますが、「体が病気になる」のではなく「人が病気になる」

のですから、ここでは第1講の例文にあった**弟**を使ってみましょう（女性なら**妹**です）。

最後に、病気なのは相手ではなく相手の父親なので、**痊安**は適切ではないでしょう。

・・

【模範解答】

浜崎传之助吾兄如晤：

　　　长春扇暑，茂柳连阴。不通闻问，又复经年，近维
起居胜常，诸事顺适为祝。闻知　椿庭尊恙复发，甚念甚念。弟
日前患病，现已复原，善饭如昔，勿念。

　　　气候多变，伏乞珍卫。即请
大安

　　　　　　　　　　　　　　　　　　　　　　　　　　○○敬启

・・

> ## 課題 10(p.166) ・・

・・

ご主人の訃報に接し、一家の大黒柱を失われた悲しみいかばかりかと存じ
ます。お声やお顔が今も目に浮かび、お言葉が今も耳元に響きます。残さ
れた方々のためにも元気をお出しになることが、亡くなられた方へのはな
むけになるかと存じます。どうぞあまりお気落ちになりませぬよう。

　　　　　　　　　　　　　　　　　　　　　　　　　　　　　敬具
　　　　　　　　　　　　　　　　　　　　　　　　　　　　○○拝

田倉しん様

・・

【Jさんの作品】

田仓信女士懿鉴：

　　哀启者　惊闻　你丈夫作古，家失柱石，悲痛万分。音容笑貌，历历在目，教言至今索绕耳畔。为了生者应振动精神，故人九泉有知，亦当欣慰。请你节哀顺变。并颂

慈安

○○谨肃

　人が亡くなったことへのお悔やみですから、大げさすぎても相手に不快感を与えるし、難しい社交文の一つです。相手が女性なので**懿鉴**、**慈安**を使っていますが、ここはお悔やみの用語に統一しましょう。また、**你丈夫**は「君の夫」で敬意に欠けますから、言い換えます。そもそも**你**は関係が近い人への二人称ですから、**您**とするか、ほかの表現に換えましょう。

【模範解答】

田仓信女士矜鉴：

　　哀启者　惊闻　尊夫君作古，家失柱石，悲痛万分。音容笑貌，历历在目，教言至今索绕耳畔。为了生者应振动精神，故人九泉有知，亦当欣慰。尚望节哀顺变。并颂

素履

○○谨肃

付 録

便利な挨拶状

　本書を参考にされれば、社交で使う大抵の文書の大枠は作成できると思いますが、付録として、頻繁に使う用例を参考に掲げておきます。一種類は中国への着任挨拶、もう一種類は食事に招くときの招待状です。用語は基本的に本書で紹介したものばかりですので、分かると思います。

　着任挨拶は、中国では、日本のようにほぼ必ず出すということはないようですが、折角相手の注意を引く機会ですから、活用するといいでしょう。招待状では、相手を招く**教**、**光临**等の字を大きく書く習慣があることに注意しましょう。

拝啓　陽春の候、ますますご健勝のこととお慶び申し上げます。

さて私儀、このたび弊社北京支店勤務を命ぜられ、過日着任いたしました。

　本社中国室在勤中は公私にわたり過分のご厚情を賜り誠にありがとうございました。新任地では一層の精進を致す所存ですので、倍旧のご指導ご鞭撻を賜りますようお願い申し上げますとともに、お近くにお寄りの際は是非お声掛け下さるようお願い申し上げます。

　略儀ながら書中をもってご挨拶申し上げます。

谨启者　东风解冻，丽日舒和，近维　福躬康泰，何胜欣颂。鄙人此次由奉安抵敝号北京分号，即日接印视事。前在敝号总部中国室承乏期间特列至交，承蒙错爱，铭感奚如。嗣后当视力之所及竭诚相待，尚祈倍赐　南针为盼，并请得便访华时惠告叙旧。

　专此　顺颂

春祺

（1）

拝啓　来る一二月一八日（月曜日）午後六時より、帝国ホテルにおいて一献差し上げたく、ご来臨下さいますようご案内申し上げます。

千葉明

　　　謹订于 12 月 18 日（周一）下午 6 时整假帝国饭店洁樽候

教　　　　　　　　　　**千叶明拜订**

（2）

拝啓　来る五月二三日（木曜日）一二時半より、粗餐を用意してお待ち申し上げます。

千葉明

場所：サンシャインホテル

　　　謹择于 5 月 23 日（星期四）中午 12 时30 分敬备菲酌恭候

台光　　　　　　　　　　**千叶明拜订**

席设　阳光大酒店

拝啓　今月二八日午後七時より拙宅にお招きいたしたく、ご家族皆様おい
で下さいますようお願い申し上げます。

千葉明

兹订于本月 28 日下午 7 时在敝寓洁杯敬请

阖第光临　　　　　　　　千叶明鞠躬

新旧暦対照表

　次ページの表は、正しい季語を使うための指針です。

　書こうとする手紙の日付が２０１７年４月２５日だとします。表で見るとこの日は旧暦三月一日と四月一日の間ですので、使うべき季語は旧暦三月、春ということになります。

　また、手紙の日付が２０１７年１０月２８日だとします。すると、この日は旧暦九月九日にあたりますので、重陽の季語を用いればよいのです。やや分かりにくいのは、閏月です。

　旧暦で日を数えると、新月の度毎に月が変わりますから、一年は三百六十日程度で、太陽の運行とずれてきます。

　これに対し、二十四節気は、夏至、小暑、大暑などと等間隔に並べられ、毎年新暦のほぼ同じ日に巡ってきます。各節気は交互に「中気」と「節気」に分けられています。旧暦の月はこれと少しずつずれていきますから、三年に一度の割合で、「中気」が含まれない月が出現します。中気と中気の間のほぼ三十日の谷間に、ひと月丸々すっぽりとはまるのです。そこで、この月をその年の閏月、とするのです。

	2017年	2018年	2019年	2020年	2021年	2022年	2023年
旧暦							
【春】							
正月一日（春節）	1/28	2/16	2/5	1/25	2/12	2/1	1/22
正月十五日（元宵節）	2/11	3/2	2/19	2/8	2/26	2/15	2/5
二月一日	2/26	3/17	3/7	2/23	3/13	3/3	2/20
二月十五日	3/12	3/31	3/21	3/8	3/27	3/17	3/6
閏二月一日							3/22
三月一日	3/28	4/16	4/5	3/24	4/12	4/1	4/20
三月十五日	4/11	4/30	4/19	4/7	4/26	4/15	5/4
【夏】							
四月一日	4/26	5/15	5/5	4/23	5/12	5/1	5/19
四月十五日	5/10	5/29	5/19	5/7	5/26	5/15	6/2
閏四月一日				5/23			
五月一日	5/26	6/14	6/3	6/21	6/10	5/30	6/18
五月五日（端午節）	5/30	6/18	6/7	6/25	6/14	6/3	6/22
五月十五日	6/9	6/28	6/17	7/5	6/24	6/13	7/2
六月一日	6/24	7/13	7/3	7/21	7/10	6/29	7/18
六月十五日	7/8	7/27	7/17	8/4	7/24	7/13	8/1
閏六月一日	7/23						
【秋】							
七月一日	8/22	8/11	8/1	8/19	8/8	7/29	8/16
七月十五日	9/5	8/25	8/15	9/2	8/22	8/12	8/30
八月一日	9/20	9/10	8/30	9/17	9/7	8/27	9/15
八月十五日（仲秋節）	10/4	9/24	9/13	10/1	9/21	9/10	9/29
九月一日	10/20	10/9	9/29	10/17	10/6	9/26	10/15
九月九日（重陽節）	10/28	10/17	10/7	10/25	10/14	10/4	10/23
九月十五日	11/3	10/23	10/13	10/31	10/20	10/10	10/29
【冬】							
十月一日	11/18	11/8	10/28	11/15	11/5	10/25	11/13
十月十五日	12/2	11/22	11/11	11/29	11/19	11/8	11/27
十一月一日	12/18	12/7	11/26	12/15	12/4	11/24	12/13
十一月十五日	'18 1/1	12/21	12/10	12/29	12/18	12/8	12/27
十二月一日	'18 1/17	'19 1/6	12/26	'21 1/13	'22 1/3	12/23	'24 1/11
十二月十五日	'18 1/31	'19 1/20	'20 1/9	'21 1/27	'22 1/17	'23 1/6	'24 1/25

封筒の書き方

　封筒の宛名は、手紙文本文ではないのだから、配達に便利なように書けばいいのですが、受け取る側に与える印象も大事です。

　現代中国では横書きの封書が使われています。封筒の中央に宛先住所を日本と同様に範囲が広い順に書き、最後に宛名人の名前、肩書き（**部长**等）や敬称（**先生**等）が来ます。

　「様」の位置には、目上なら**道启**、**勋启**、**钧启**、その他なら**台启**、**惠启**、**启**等を添えます。「御中」は**均启**、官公庁宛は**公启**です。

　差出人の住所氏名は更に右下に書き、名前の後に**谨缄**、**缄**、**寄**等と添えます。差出人を人に知られたくない場合や、筆跡から明らかな場合、住所氏名を書かず、**内详**または**内肃**と書くこともあります。

　ついでに、宛名書きではありませんが、「読んだら処分して下さい」を**阅后付丙**といいます。**丙**は「ひのえ（火の兄）」で、燃やすことです。「００７ユアアイズオンリー」という映画がありますが、for your eyes only は英国機密文書の取扱い要領の用語で、原作の邦題は「読後焼却せよ」。似ていますね（なお中国語タイトルは《**最高机密**》）。

　欧米式に差出人住所氏名を左上に書くと、そこが宛先と勘違いされて差し戻されてくることがありますので、注意しましょう。

100007

北京市张自忠路 3 号 ←------- 宛先住所

中国社会科学院日本研究所

沙悟净教授道启←---- 宛名人名前、
肩書き、敬称

差出人住所 -------→ 上海市邯郸路 220 号复旦大学中文系

差出人氏名 -------→ 猪八戒谨缄
（後ろに**谨缄**、**缄**、**寄**等と添える）

200433

100006

本市日坛路 7 号 ←------- 宛先住所

日本驻华大使馆公启←-- 宛名は大使館のた
め、**公启**を付ける。

差出人住所 -------→ 本市张自忠路 3 号中国社会科学院

差出人氏名 -------→ 沙悟净寄
（後ろに**谨缄**、**缄**、**寄**等と添える）

100007

直接郵送するのではなく、どなたかに転達をお願いする場合には、依頼先の人の名と敬称の後に**敬请吉便带交**、**敬请袖呈**、**请转呈**、**烦交**等と書き（特に直接面会しての手渡しを依頼する場合は**面呈**）、差出人の名の後に**谨托**、**敬托**、**拜托**等と添えます。

　この場合、お願いした相手は届け先を知っているのが前提ですから、住所は詳しく書きません。

复旦大学中文系猪八戒先生烦交

孙悟空同学启

玄奘拜托

　なお台湾では縦書きの封書が一般的で、封筒の真ん中に赤い枠（框といいます）が印刷してありますので、そこに宛名人の名前を書き、右側に宛先住所、左側に差出人住所氏名を書きます。

☆便箋のたたみ方

　もう一つ、便箋のたたみ方を記しておきましょう。中国の人から手紙を頂くと、いろいろ凝ったたたみ方をする人がいて楽しいものですが、標準的な要点は次の通りです。

①まず、書き出し部分の相手の名前が表になるようにして、縦方向に二つ折りにします。

②次に、封筒の大きさに応じ、折った部分を、相手の名前が出ている面と反対の方向に少し折り込みます。

③更に、封筒の大きさに応じ、今度は横方向に折ります。これも、相手の名前が出ている面の反対の方向に折りますが、このとき重要なのは、手紙の上半分の方が若干長くなるようにすることです。これは、相手を「上」、自分を「下」に見立て、相手の方を長くして敬意を表する意味です。

　字が書いてある面を内側にして、見えないようにたたみ込むのは、訃報や絶交を意味するとされているので注意しましょう。

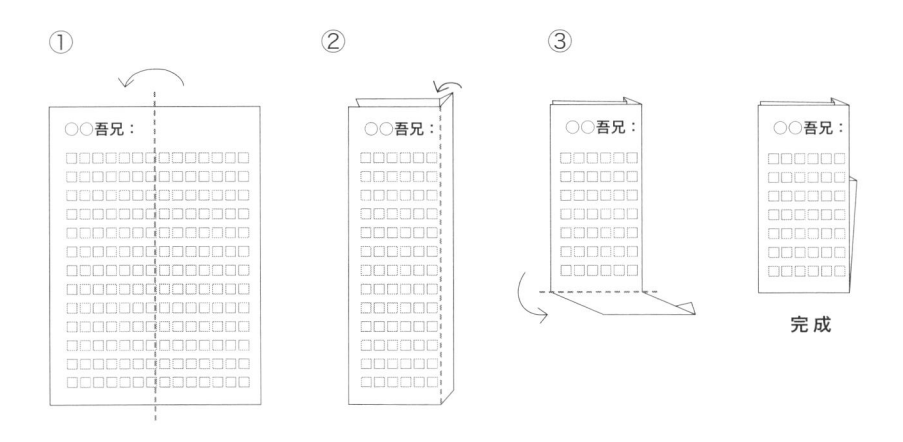

【索引】

ま

や

邀覧

ら

わ

【参考文献】

[日本語]
『漢文脈と近代日本』　齋藤希史　日本放送出版協会　2007
『漢文の素養』　加藤徹　光文社新書　2006
『漢文脈の近代』　齋藤希史　名古屋大学出版会　2005
『漢文語法ハンドブック』　江連隆　大修館書店　1997
『変体漢文』峰岸明　東京堂出版　1986
『尺牘探求－中文手紙の書き方』　洪樵榕　二松学舎大学出版部　1984
『誰にもわかる支那商業書翰文の讀み方』　有馬健之助　外語学院出版部　1938
『現代実用支那語講座8　尺牘編』　諸岡三郎　文求堂　1936
『公使館實用公私尺牘文纂』　有野学　在支那日本帝国公使館　1929

[中国語]
《應用文》　蔡信發　萬卷樓圖書有限公司　2005
《尺牘写作指要》　杨文科　中国国际广播出版社　2004
《怎样写尺牘》　胡传海　上海书画出版社　2000
《写信的技巧》　诚海（编）　三环出版社　1990
《尺牘大全》　佚名　廣文書局有限公司　1989.8
《周恩来书信选集》　中央文献出版社　1988
《毛泽东书信选集》　人民出版社　1984
《现代尺牘大全》　蘇魯（编）　香港匯通書店　1980
《鲁迅书信集》　人民文学出版社　1976
《分類句解新式尺牘大全》　袁韜壺（编）　上海廣益書局　1934
《现代公文作法》　胡惠生　大華書局　1933
《分類廣註尺牘大觀》　世界書局編輯所　世界書局　1931

【著者略歴】

千葉 明（ちば あきら）

　1959年生まれ。東大法学部卒。外務省中国課勤務後、北京大学、カリフォルニア大学バークレー校（修士）に留学。二回の在中国大使館勤務、国際報道官、法務省入国管理局登録管理官等の後、在米大使館公使、在イラン大使館公使、日本学術会議事務局次長、在ロサンゼルス総領事を経て、ASEAN政府代表部特命全権大使。この間東大教養学部講師（中国語作文）。通訳案内士（英、仏、中）、中国政府ビジネス中国語検定BCTレベル5。
　著書「日中体験的相互誤解」（日中対訳版、2005年）、訳書「何たって高三！」（2006年）ほか。

日中中日翻訳必携　実戦編III
――美しい中国語の手紙の書き方・訳し方

2017年12月1日　第一版第一刷発行
2020年 6月6日　第一版第二刷発行

著　者　千葉 明
発行者　段 景子
発売所　株式会社日本僑報社
住　所　〒171-0021 東京都豊島区西池袋 3-17-15
電　話　03-5956-2808　　FAX　03-5956-2809
E-mail　info@duan.jp
中国研究書店 http://duan.jp

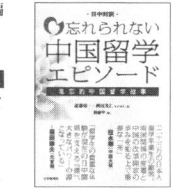

日本僑報社好評既刊書籍

日中語学対照研究シリーズ
中日対照言語学概論
—その発想と表現—

高橋弥守彦 著

中日両言語は、語順や文型、単語など、いったいなぜこうも表現形式に違いがあるのか。
現代中国語文法学と中日対照文法学を専門とする高橋弥守彦教授が、最新の研究成果をまとめ、中日両言語の違いをわかりやすく解き明かす。

A5判 256頁 並製 定価3600円＋税
2017年刊 ISBN 978-4-86185-240-4

日中文化DNA解読
心理文化の深層構造の視点から

尚会鵬 著
谷中信一 訳

昨今の皮相な日本論、中国論とは一線を画す名著。
中国人と日本人、双方の違いとは何なのか？文化の根本から理解する日中の違い。

四六判 250頁 並製 定価2600円＋税
2016年刊 ISBN 978-4-86185-225-1

同じ漢字で意味が違う
日本語と中国語の落し穴
用例で身につく「日中同字異義語100」

久佐賀義光 著
王達 中国語監修

絶対に間違えてはいけない単語から話のネタまで、"同字異義語"を楽しく解説した人気コラムが書籍化！中国語学習者だけでなく一般の方にも。漢字への理解が深まり話題も豊富に。

四六判 252頁 並製 定価1900円＋税
2015年刊 ISBN 978-4-86185-177-3

病院で困らないための日中英対訳
医学実用辞典

松本洋子 編著

海外留学・出張時に安心、医療従事者必携！指さし会話集＆医学用語辞典。本書は初版『病院で困らない中国語』（1997年）から根強い人気を誇るロングセラー。すべて日本語・英語・中国語（ピンインつき）対応。豊富な文例・用語を収録。

A5判 312頁 並製 定価2500円＋税
2014年刊 ISBN 978-4-86185-153-7

日本の「仕事の鬼」と中国の〈酒鬼〉
漢字を介してみる日本と中国の文化

冨田昌宏 編著

鄧小平訪日で通訳を務めたベテラン外交官の新著。ビジネスで、旅行で、宴会で、中国人もあっと言わせる漢字文化の知識を集中講義！
日本図書館協会選定図書

四六判 192頁 並製 定価1800円＋税
2014年刊 ISBN 978-4-86185-165-0

日本語と中国語の妖しい関係
中国語を変えた日本の英知

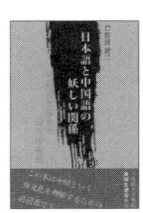

松浦喬二 著

「中国語の単語のほとんどが日本製であることを知っていますか？」
一般的な文化論でなく、漢字という観点に絞りつつ、日中関係の歴史から文化、そして現在の日中関係までを検証したユニークな名著。中国という異文化を理解するための必読書。

四六判 220頁 並製 定価1800円＋税
2013年刊 ISBN 978-4-86185-149-0

中国漢字を読み解く
～簡体字・ピンインもらくらく～

前田晃 著

簡体字の誕生について歴史的かつ理論的に解説。三千数百字という日中で使われる漢字を整理し、体系的な分かりやすいリストを付す。
初学者だけでなく、簡体字成立の歴史的背景を知りたい方にも最適。

A5判 186頁 並製 定価1800円＋税
2013年刊 ISBN 978-4-86185-146-9

日中常用同形語用法
作文辞典

曹櫻 編著
佐藤晴彦 監修

同じ漢字で意味が異なる日本語と中国語。誤解されやすい語を集め、どう異なるのかを多くの例文を挙げながら説明。いかに的確に自然な日本語、中国語で表現するか。初級から上級まで幅広い学習者に有用な一冊。

A5判 392頁 並製 定価3800円＋税
2009年刊 ISBN 978-4-86185-086-8